妇女口述历史丛书⑬

丛书主编　刘利群　李　莹

从女性学出发

——毕业生篇

本卷主编　于光君　马　良

中国妇女出版社

图书在版编目（CIP）数据
从女性学出发. 毕业生篇 / 于光君，马良主编.
北京 ：中国妇女出版社，2024.11. -- (妇女口述历史丛书). -- ISBN 978-7-5127-2453-2
Ⅰ. K828.5
中国国家版本馆CIP数据核字第20245KU848号

项目统筹：万立正
责任编辑：陈　元
封面设计：吴晓莉
责任印制：李志国

出版发行：中国妇女出版社
地　　址：北京市东城区史家胡同甲24号　　邮政编码：100010
电　　话：（010）65133160（发行部）　　65133161（邮购）
网　　址：www.womenbooks.cn
邮　　箱：zgfncbs@womenbooks.cn
法律顾问：北京市道可特律师事务所
经　　销：各地新华书店
印　　刷：北京通州皇家印刷厂

开　　本：170mm×230mm　1/16
印　　张：15.25
字　　数：217千字
版　　次：2024年11月第1版　　2024年11月第1次印刷
定　　价：128.00元

如有印装错误，请与发行部联系

前 言

PREFACE

女性学是什么？这是自从女性学进入学术界视野后，理论界一直在讨论的问题。时至今日，关于女性学是什么的问题尚无定论，这恰恰意味着女性学有着较大的理论发展空间，也预示着女性学具有强大的生命力。

女性学既是一门年轻的学科，又是一个全新的专业。从一般意义上讲，学科和专业既有联系又有区别，学科是知识体系的分类，每门学科都有其独特的研究对象、研究方法和理论体系，而专业则是基于这些学科知识体系，结合实际应用和行业需求，形成的专门化的学习方向，是在学科的基础上，培养具备专业知识和技能的人才。因此，可以说学科是专业的基础，而专业则是学科在特定领域和行业的应用和发展。这个学科与专业之间的逻辑关系基本上也适用于女性学学科和女性学专业。

女性学是一门年轻的学科，这是从学科建设的时间以及学科发展前途而言的，而不是就学科性质而言的。“女性学”是20世纪60年代末在美国兴起的，中国女性学的学科建设是80年代中期起步的，并在90年代有了较大发展，有许多高校和科研院所设立专门研究机构进行研究。1986年，在全国妇联第二次妇女理论研讨会上，妇女学第一次作为专题项目进行研讨，此后一些高等院校开设了妇女学课程。1995年，第四次世界妇女大会在北京召开，促进了妇女学学科建设的进一步发展，北京市教育科学规划办公室在“九五”教育科研中设立了“高校妇女学学科建设”的课题，专门研究高等院校建立女性学学科的必要性。1998年，教育部批准了北京大学将女性学作为三级学科纳入国家研究生专业目录，女性学开始在国家设立的学科中有了合法席位。1999年8月，开设女性学课程或准备开设女性学课程的专家学者聚集在中华女子学院，召开了首届“中国女性学学科与课程建设国际研讨会”，共同研究女性学学科的建立和发展，写下了我国女性学学科建设史上重要的一页。2000年3月，孙晓梅教授向全国政协提出了“中国高校应设立女性学学科”的提案，引起教育部的重视。2011年6月，召开了“女性学学科建设与专业人才培养”学术研讨会。 此后，中华女子学院（全国妇联干部培训学院）[①]召开了几次女性学学科建设研讨会，中华女子学院（全国妇联干部培训学院）成为推动女性学学科建设和发展的重镇。

学科的定位关乎学科的前途命运。在女性学学科建设的初期，就有过关于女性学学科性质的讨论。有人认为女性学是一门“跨学科的学科”，有人认为女性学是跨越社会科学和人文科学的一门“边缘学科”，无论是“跨学科的学科”还是“边缘学科”，都没有对这门年轻的学科给出准确的定位。妇女研究可以是多学科的，不同学科都可以从

① 2019年，中华女子学院正式加挂“全国妇联干部培训学院”牌子。

自己的学科视角对妇女问题进行研究，但是，妇女研究的多学科性不等于女性学是一个“跨学科的学科”，“跨学科的学科”这一表述也存在逻辑上的问题。在学科建设伊始，就把“女性学”定位为“边缘学科”，在某种程度上限制了女性学学科的发展空间。一门新学科的诞生就是一个新事物的产生，总是有一个由不成熟到成熟的过程，学科发展初期的不成熟并不等于是“边缘学科”。也有人把女性学学科与女性主义等同起来，认为女性学就是女性主义，或者女性学是女性主义的延伸。其实，这也是一种认识误区，女性主义是一种源自西方的运动和思潮，女性学是一门学科，这两者无论是外延还是内涵都是不对等的。另外，在学科名称上，有人建议使用“妇女学”，也有人建议使用“女性学”，在使用“女性学”还是使用“妇女学”的讨论中，最终是以“女性学”学科的名称进入教育部的学科目录。虽然，在教育部发布的最新的学科目录中，女性学属于社会学学科下的二级学科，但是，女性学是在传统学科基础上发展起来而又不同于传统学科的一门新学科，应该既有传统学科的特质，又有新学科特有的气象。

女性学又是一个全新的专业，这是从女性学专业建设的时间以及女性学专业发展前途而言的，“新”意味着强大的生命力。1984年，中华女子学院（原名全国妇联管理干部学院）首先设立妇女运动专业；1985年，在该专业的基础上成立妇女运动系；1989年改名为妇女工作管理系；2001年创建女性学系；2004年开设女性学本科辅修专业；2006年开始面向全国招收女性学专业本科生，拉开了成建制培养女性学专业人才的序幕；2009年，女性学专业获批北京市和国家级特色专业；2010年，女性学专业正式纳入一本专业招生序列；2021年，女性学专业获批国家级一流专业。

女性学，无论是作为学科，还是作为专业，因为都是“开山”，无章可循，无师可法，所以，女性学的建设和发展过程就是一个“摸着石头过河”、在探索中砥砺前行的过程。但是，女性学的建设和发展应该坚持学科建设与专业建设双管齐下，以学科建设推动专业建设，以专业建设促进学科建设。女性学学科的建设和发展要坚持以马克思主义基本原理和马克思主义妇女理论为指导，立足中国实际，汲取中华优秀传统文化中的精华，吸收西方女性研究的优秀成果，加强具有中国特色的女性学学科体系、学术体系、话语体系建设，女性学要充分体现中国特色、中国风格、中国气派。《习近平关于妇女儿童和妇联工作论述摘编》是马克思主义妇女理论中国化时代化的最新成果，是“两个结合”的光辉典范，是新时代女性学学科建设的根本遵循。女性学专业要培养坚持中国特色社会主义妇女发展道路，为实现中华民族伟大复兴中国梦贡献自己力量的专业人才。专业建设要符合时代的需要，紧跟时代的步伐，人工智能时代的到来为女性学专业的发展提供了机遇，也提出了挑战，需要重新审视和反思女性学专业的课程设置、人才培养目标和人才培养模式，培养出适应新质生产力发展要求的专业人才。

毕业生的职业发展状况是衡量一个学科和一个专业的重要标准。女性学是什么？女性学专业培养什么样的人才？毕业生的回答是最好的答案。从2004年开设女性学专业本科辅修班开始，到2006年开始面向全国招收女性学专业本科生，一直到2024年，女性学专业走过了整整20年的风雨历程，培养了许多女性学专业人才。星星之火可以燎原，她们从“女性学”出发，走向了更为广阔的天地，在社会生活和家庭生活中发挥了独特作用，在弘扬中华民族家庭美德、树立良好家风方面发挥了独特作用。为了了解女性学专业毕业生的职业发展情况，更好地促进女性学学科和女性学专业的发展，在中华女子学院（全国妇联干部培训学院）党委和学校行政的领导下，在图书馆馆长马良教授的支持下，由我主持，选取了15位在京工作的优秀毕业生，通过访谈的方式了解她们职业发展的情况、女性学专业教育对她们的影响以及她们对女性学专业和学科建设发展的建议、期望等。在此特别说明的是，尽管我们很多毕业生非常优秀，在各自的工作岗位上表现也很出色，但是由于条件有限，只能选取在京工作的15位同学，这15位同学工作在不同行业领域，她们具有一定代表性。我精心挑选了8位优秀的同学做访谈员，她们是中华女子学院（全国妇联干部培训学院）妇女发展学院的本科生和研究生（其中梁雨祺同学女性学专业本科毕业考入中国农业大学攻读硕士学位），她们都受过良好的社会研究方法方面的教育。马良教授一直以来非常关注和支持女性学的发展，为了做好访谈工作，马良教授特意推荐了李慧波老师又对8位访谈员进行了更为专业的培训，在此一并表示感谢！另外，我的学生助理、妇女发展学院女性学专业的蒙雨亭同学帮我校对了文稿，对蒙雨亭同学也表示感谢！

在学科建设如火如荼的今天，把女性学学科建设成为一级学科是女性学人共同努力的方向，也是女性学人共同的学术追求！把女性学学科建设成一流学科是女院人共同的夙愿！“路漫漫其修远兮，吾将上下而求索”。

从女性学出发，我们走向广阔的天地，“路虽远行则将至，事虽难做则必成”！

中华女子学院（全国妇联干部培训学院）与共和国同龄，今年是中华人民共和国成立75周年，也是中华女子学院（全国妇联干部培训学院）建校75周年。谨把此书献给我们伟大的祖国！

于光君

2024年6月

目 录

CONTENTS

志不求易者成，事不避难者进
——2004级女性学专业辅修班毕业生王菁

筑梦北京，圆梦女院
——2004级女性学专业辅修班毕业生何爱丽

以生命影响生命
——2004级女性学专业辅修班毕业生王海霞

归来仍是少年
——2004级女性学专业辅修班毕业生范媛媛

脚踏实地才能行稳致远
——2006级女性学专业毕业生魏莹

从社工到公务员
——2007级女性学专业毕业生蹇慕华

勇敢走出“舒适圈”
——2007级女性学专业毕业生郑碧云

过一种坚定、独立、自知的生活
——2009级女性学专业毕业生刘天红

初心与力量的结合：我与女性学的故事
——2011级女性学专业毕业生汪昊宇

专业筑梦人生使命，理想助力国际发展
——2012级女性学专业毕业生严杨迪

成为一片雪，然后一直下
——2012级女性学专业毕业生张增琳

学会经营自己的人生
——2013级女性学专业毕业生范勇

诚明不动逍遥趣，出入行歌任夏秋
——2014级女性学专业毕业生任俊飞

长风破浪会有时，直挂云帆济沧海
——2014级女性学专业毕业生李燕香

求真务实，做党务工作的潜心耕耘者
——2015级女性学专业毕业生韩丹

结　语

志不求易者成，事不避难者进

——2004级女性学专业辅修班毕业生王菁

访谈时间： 2024年3月21日9:30—9:44
2024年3月21日12:10—13:10

访谈地点： 北京市海淀区天府数字科技（北京）创新中心（受访者公司）

受 访 者： 王 菁

访 谈 员/整 理 员： 梁雨祺（中国农业大学人文与发展学院社会学专业2022级硕士研究生）

人物简介

王菁，中共党员，河北承德人，育有一儿一女。2006届本科毕业生，就读人力资源管理专业,2004年辅修女性学专业，于2006年毕业。现任北京点金阁企业管理发展有限公司董事长、天府数字科技（北京）创新中心主任、中关村大数据产业联盟副秘书长。

一、初遇女性学：基于热爱，受益匪浅

我是河北承德人，因父母工作的关系，从小就经常在假期往返于北京、承德两地。等我上大学的时候，父亲认为从长远角度来看，首选北京，因为这里是全国的政治、经济、文化中心，无论是学科前沿信息、博物馆资源还是专家都汇聚于此，大学更容易共享更多的资源，因此建议我来北京上大学。那时我父亲给我两个选择的建议，一个是中国青年政治学院，一个是中华女子学院，前者录取分太高了，我从河北考过来难度较大，因此他建议我报考中华女子学院。多年的北京工作经历，让他对中华女子学院有一定的了解，女院作为全国妇联的下属单位，具有自己的特色和优势。最终我听取父亲的建议报考了中华女子学院。

大二的时候，机缘巧合下，我选择了辅修女性学专业。最早是张丽莉、韩贺南老师给我的建议，于是我开始留意女性学的课程，其中有社会学、心理学、女性法律、社会调查等内容，而这些内容跟我的管理专业截然不同，让我感觉很有兴趣。当时我认为，人力资源管理专业更适合到工作实践中去操练，通过实操才能学得更好；而女性学属于社会学科，当时模模糊糊地觉得，这两个专业可能是一种互补。唯一的顾虑是我所有的休息时间几乎都没有了，因为按照我当时的专业课安排，加上辅修专业，我从早到晚都需要上课，平时和周末的时间都要在上课、泡图书馆查资料和写作业中度过。好在是家人再次给予我鼓励，让我坚定了自己的选择，他们的全力支持，最终促成了我能够坚持读完双专业。

多年后回想起来，当时的这种选择和坚持给了我莫大的帮助，一个专业给了我技能，一个专业开拓了我的思维，为我的人生之路奠定了基础，也让我在不知不觉中完成了自己的第一次蜕变。

当时辅修女性学专业的人不多，全校一共有 38 个人。我还记得我们当时的课程有妇女史、社会调查方法、妇女法，社会平等、心理学等内容。但对我来说印象最深的有两点：一是高质量的师资，除了集全校最高级别的师资之外，女性学的老师们还特别邀请来自国内外的许多知名专家授课，都是我们平时很难有机会聆听到的。二是新颖的上课形式，与传统的上课形式相比，女性学的课堂完全“放飞”了我们，老师的开放、包容以及创新，经常打破我们的认知，你可以举手当场和老师辩论，老师没有责怪只有鼓励，这让我们完全没有了上课的乏味和紧张感，每堂课都是让人精神抖擞的。

举个印象深刻的例子吧。有一次，老师说要去植物园做社会调研，我们都兴奋得很，边郊游边学习好啊，可是老师随即抛出了课题：“大家要自行组队，自选路线，兵分几路去和陌生人握手，然后限时回来总结成果。”当时我们就傻了眼，平时多数时间在学校，很少和陌生人主动交流，心里不免产生怯意，但这是作业任务啊，必须完成！而且几个小组之间还有比较，输了更难看！在竞争之心的刺激下，我们还是硬着头皮开始了行动，活动结束时大家的讨论异常激烈，在反思自己的行动时也都收获多多。我举这个例子的目的是它解释了女性学课堂为何对我影响深远。

老师安排的这个项目，后来一直对我影响很深。活动结束后，老师要求我们回去多做反思，当时阅历不够，很多事自己还无法理解，多年之后，才越发感受到其中的含义和逻辑关系。接到突发项目，在一无所知的情况下，怎么才能抽丝剥茧，找到自己的方向？要给自己设定什么目标？怎么做才能达到目标？团队怎么引导？直至今日，我所有经历的工作中，或多或少地都在运用这套逻辑方式。

因此，我坚持认为女性学对我的影响是潜移默化的、长远的。第一，界限不是别人设定的，而是自己给自己设下的限制。想干一件事，只有打破自己心里的界限，敢于迈出步伐，才有可能走向你想要的方向。第二，女性学的思维逻辑让我改变了自己以往的单一线性思考方式，让我知道生活、工作以及任何事都可以是“一题多解”。知识就是力量，但知识是死的，人是活的，学到的知识只有通过自己的交叉融合运用，才能发挥力量。

以上只是一个例子，我在辅修女性学期间的收获远远不止这些，所以说有机会学习女性学专业是我莫大的荣幸，是女性学奠定了我的思想基础。它打破了我的思维局限，让我不再孤立地看待问题，更敢于尝试将不同的学科、不同的行业交叉融合地看待和运用。当然，我也感谢我的人力资源管理专业，我在人力资源管理专业学到的人力资源的知识和技巧，结合在女性学专业学到的心理学和社会学的知识和技巧，共同奠定了我独特的项目管理模式的思维逻辑基础，无论是做文化创意产业、智慧城市、文旅产业或是政府招商平台，我都不会因为是跨专业而困扰，一套理论基础，一套逻辑思维方式，一套管理模式，让我可以很好地应对不同的环境。

二、初入职场：大型活动经历，奠定人生基础

毕业之后，我去了北京北奥集团有限责任公司，这是我的第一份工作，一待就是十多年。获得这份工作机会，得益于学校老师组织的公益课题活动。通过跨专业学习，让我有机会跟着老师们参与一些课题、会议筹备等工作，虽然都是作为志愿者，没有什么收益，但是这些场景让我有机会锻炼和学习补充自己的工作技能，同时在工作中也让我认识了社会上更多的老师、企业家等。恰恰是在此期间，我有幸得到了社科院马仲良书记的认可，成为他的助理，后来也是在他和张丽莉老师的建议下，通过了北奥集团的考察，赢得了第一份工作。那时候的自己想法很简单，不管是什么工作，只要给我机会，我一定脚踏实地地努力。幸运的是，我在北奥集团完成了第二次蜕变，也迎来了自己的小家庭。

进入北奥集团后，我是在工作中才一步一步了解到北奥集团是一家什么性质的公司，它是一家主营策划、组织、实施国家级大型活动演出的国有企业。当时，国家重量级的会议活动，比如国庆大典、中非国际论坛、北京奥

运会、北京残奥会、东亚运动会、世界妇女大会、大运会、各省市运动会、国际演唱会、华侨春晚等，各种各样国际性的论坛、会议以及演出等，几乎都是北奥集团落地制作的。比如国庆大典，责任大、任务重，当时我在天安门旗杆下盯着搭建舞台，一盯就是 24 小时，彻夜连轴转。我曾经与工人们因来不及撤场，只能站在旗杆下迎接所有观看升旗的人围观，也曾经盯着满场的彩旗道具 48 小时不敢离场，不敢多吃也不敢多喝，因为上厕所要绕行几公里。但是当全国人民欢庆的时候，自己也是满满的成就感。这就是我的第一份工作，虽然辛苦，但能经历那么多的国家记忆，让我感到自豪。

初入职场，我在综合办公室秘书处承担宣传工作，我发现这和我之前在女院系团委承担系刊的工作有异曲同工之处，主要负责收集工作信息和写新闻宣传稿。开始我以为很简单，其实不尽然。刚入职我就参与了中非国际论坛的宣传保障，每逢国际性会议论坛，项目组要全天无休，全面配合北京市政府做好保障工作。每天巡检并汇报工作成了常态，那段日子我陪着领导每天晚上 9 点多巡查回来，即刻就要把领导的指示落实，把各部门提交的进度信息汇总，整理撰写成当日简报，深夜 12 点前呈交市政府汇报。这是我第一次感受到了重大活动的任务重、时间紧、责任大，还有信息传递的重要性，让我意识到必须迅速独立起来适应节奏。从此以后，只要领导一声令下，自己领了任务，就要想办法完成。那时我很庆幸，我是女院培养的学生，从来都是讲究“四自”精神（自尊、自信、自立、自强），没有那么多依赖思想；我又是女性学锻炼出来的学生，老师们培养了我的独立思考能力，给了我解决问题的学习方法，让我敢于放开胆子去闯，敢于去攻坚克难。

在我职业生涯的最初十多年中，我一直在北奥集团工作，只是在集团内部经历了几次调动。先是党委组建党委办公室，我作为集团的团委书记从总办调到了党办，党办的工作职责就是统管党建、工会和团员青年的全部工作。之后，又被集团派往子公司——北京北奥大型文化体育活动有限公司任综合办公室主任，统管子公司的行政、人事、党群等全部管理职能工作和分管部分大型活动项目管理。

之前很多学妹问我，学了专业却找不到对口的工作，有什么用。我回想了一下，我一直没有在专业对口岗位上，但是我不认为不能把我所学的专业知识运用于工作之中。

在北奥集团的这些岗位上，我得到了充分锻炼，工作不是学习的结束，而是学习的开始，我边运用所学知识边总结经验方法，努力寻找最佳的实践路线。在党建工作中，经常提到党管干部，我就运用我所学到的人力资源管理专业的知识设计了一套绩效考核的办法，配合集团人力资源管理部完成了干部考核工作；我运用了女性学专业中学到的社会调查分析方法，把集团13个子公司的信息做了调查统计，建立了集团党员干部管理数据库，方便了党群工作的日常管理，并且能够随时为领导提供决策参考数据或信息。在参与国家重大项目的执行时，比如第五届东亚运动会、国庆背景表演的现场工作，每次打怵时，我就提醒自己还记得“植物园的挑战”吗？冷静下来，没什么是克服不了的，你能想到办法去解决！行动，一定要先行动起来！就是这样，一个一个的难关不断被克服，我也逐渐成熟起来。总的来说，我在工作的时候没有用专业知识来限制自己的行动，只是坚持不断学习，同时在做中去验证，去发现哪些知识可以为我所用，解决不了的那我就继续学习新技能来补充。总之，不是大学专业赋予你从事某项工作的能力，而是你有能力去运用专业的知识体系将其变成你可用的经验能力，这才是最重要的。

举办大型活动的工作是一件辛苦活，很多都是政治任务。那十几年里，不可以随便请假，有任务时不可以随便外出，经常是一年里没日没夜地忙。承接外地项目时，一出差就是一两个月不回京。现场的工作也不是人们想象的风光无限。第五届东亚运动会在中国香港举办，在开幕式彩排的那段日子，我曾经每天带着几百人从船港登船，忙的时候什么都顾不得，蹲在废弃的集装箱旁抱着饭盒，坐着几块泡沫休息就是最放松的时刻。夜里彩排连续数日不回家，那更是家常便饭，根本无暇顾及家人。

随着年龄的增大，家里孩子和老人越来越需要我的照顾，我开始萌生调整工作的想法。但是对于我来说，这是何其艰难的选择，毕竟对第一份工作，我是相当有感情的，那是“恋家”的感觉，而且我已经完全适应了这种工作节奏，如何调整？这个问题我纠结了一年之久。

三、转型探路：新人制片，缓冲期探索方向

又是一个偶然的机会，同学的提议让我做了回影视剧制片人，这可以理解为是我在工作选择踌躇期接触市场项目的一次尝试。那会儿就是想摆脱之前环境带来的那种压力，出去缓口气，我就接了这个项目。作为影视制片人，我参与了三部电视剧从融资、创编、拍摄到发行的全部制作过程，这是我人生中又一次历练。做影视制片人最大的好处就是我拥有了时间自由，也有了更大的独立决策权，在参与电视剧的全产业链运作过程中，我的接触面更广了，人际交往能力也得以提高，并在工作中学会了更多的商业规则和社会习惯，打开了视野。但是这份工作我没干太久，大概也就两三年，在我怀孕生第二个宝宝期间完成了项目，就逐步退出了。

这次经历，给了我一次全面锻炼独立运作项目的机会，我的项目管理模式逐步磨砺成熟，这也坚定了我今后发展之路的方向。在此期间，我意识到自己热爱工作，但是更爱家，我为之付出甘之如饴，于是我终于下定了走出舒适区的决心，离开了热闹繁华的文化创意行业。

四、更换赛道：护家工作，一举两得

大概在 2018 年，我结束哺乳期重新回到职场，这一次为了照顾两个孩子和五位老人（当年太姥姥还在世），我选择了回到距离家仅有百米的一家单位，担任中国城市科学研究会智慧城市联合实验室的政研室主任。这是一个新领域，也是我在找影视项目选题时接触的与科技前沿相关的领域。对于我

一个文科生来说，这个领域其实是陌生的，恰好他们要做智慧城市国际论坛，邀请我加入，这给了我了解行业的契机，从此我开启了自己的跨领域新旅程。在此期间，我参与了多项地方政府的智慧城市、生态城市等规划建设，相关国际标准、国家标准和课题等的制定，更围绕智慧城市品牌承担了多次国际会议论坛的商务策划和运作。我再次通过运用在校学习到的知识和方法，成功地进入了新的行业领域，而我之前工作中积累的管理团队和筹备活动的经验都没有浪费，在新的行业领域再次得到了发挥。

所以，在女院时学到的自尊、自信、自立、自强的“四自”精神和思维方式，以及老师带着我们实践锻炼出来的能力，使我一直受益至今。

五、开辟新路：经验为底，勇气助力

成都是个好地方，在支持成都市的智慧城市工作那些年，让我越来越喜欢这个开放、包容、舒适又美丽的城市。成都市新津区的数字新城，从规划到建设我一直参与其中，是看着这片区域成长起来的，也因此与当地的人和城有了一定的感情。在疫情防控期间，成都的领导找到我说要在北京设立一个驻京机构，他们需要一个既了解北京资源，又熟悉成都地域的人，希望我能够帮他们运营，经过多次交流，我最终决定接下这份对于我来说具有挑战性的工作。可以说这也是我创业的开始，为此，我离开了原来的单位，成立了自己的公司，调整了自己的社会团体工作的职务，以便之前与智慧城市相关的业务可以继续推进。

天府数字科技（北京）创新中心，于2021年正式开始在中关村核心区启动运营，园区面积不大，功能相对丰富，作为政府的驻京机构开启全新的运营模式，除了承担政府的招商宣传窗口的职能之外，还具备企业孵化器运营功能，也是川商驿站和资源共享平台。我带领团队，既要做好人来人往的接待、活动宣传推广工作，还要深入一线了解不同行业的企业需求，挖掘具有潜力的企业或团队共同发展。

此时此刻，我的视野再次被拓宽，我的人生也再次起步从头越。这一次，我不再是面对某一个垂直行业，而是开始面向国家前沿的所有行业领域，我将全部的经验和能力融合调动起来，开始潜心研究智能制造、新能源新材料、绿色食品、乡村振兴、文化创意、商业消费等各个不同的行业赛道。为了能够与这些企业沟通无障碍，我不仅要了解这些行业赛道的最新信息，还要知道它们的核心体系，知道不同赛道的运作模式。我就像一个小孩子，每天都在努力学习着，快乐地汲取新的知识，打开新的技能“盲盒”。虽说是挑战，也是一种乐趣，苦中作乐，让我更能感悟生活中的酸甜苦辣，人生的新篇章更加有意义。这两年我工作得很努力，相对自由的环境也让我能够兼顾家庭，这也让我很快乐，同时我希望能够成为孩子的榜样，让他们看到人要终身学习，积极进取。目前，我的园区经营得初见成效，开展了各类培训、沙龙、交流活动40余场，吸引人才（团队）上千人参与，对接各类商会、社团、协会等资源无数，也帮助成都完成招商信息80余项，园区入住率已经达到80%。我自己的公司也随之日益壮大。

王菁办公地点环境

我40多岁了，回顾大学至今的发展历程，我很庆幸当年听了父亲的建议走进了中华女子学院，在那里有幸接触了当时全国只有我们38个人才能接触的女性学，让我的人生发生了改变。我还记得，当时我作为女性学辅修班的班长，从老师手里接过最佳优秀学生奖的激动心情；我还记得，张丽莉老师作为我的导师，推荐我学习女性学的情景，后来还耐心给我指导专业论文，引导我实践实习，让我的能力一次次地提升；我还记得，班主任周萌老师无论是生活还是学习都给予了我很多的关怀，让我无后顾之忧；我还记得，韩贺南、罗慧兰老师在我心理受挫伤心之时，不仅给我进行心理疏导，还主动和我的父母交流，改变他们认为我“很笨”的想法，让我备受感动；还有张李玺老师的科学严谨、李明舜老师的法学深度、孙晓梅老师的热情、田南池老师的风趣……还有许多的老师，真心感谢他们，每一位都在我生命中留下了印记。

六、感悟女性学：学习思想，汲取力量

在我眼里，女性学专业一直都有它的专业优势。这是一门综合学科，是可以对人的思想产生深远影响的学科，这个专业是开放、包容的，也是富有“个性”的，仅仅拿“就业”的指标来衡量它就太肤浅了，我们要学的是它的思维和方法，这可以成为任何工作的辅助支撑。我认为，如果为了就业，那只需要学点儿技能就可以生存下去，但是人要有大格局。学习女性发展史有什么用？当然有用，生活是苦的，做事是难的，这是必然，而女性发展史就是相当艰难的历程，用它映照我们的生活和事业，我们新时代的女性又有什么不可以勇往直前的呢？关键是我们在思想上有没有感悟，有没有坚定的信念去追求个人理想。因此，我坚持认为学习女性学的理论是要学它的思想内涵，并从中汲取力量。

对于学校的女性学学科建设，我建议是不是可以不要用传统的教学方式去传授女性学呢？可以尝试采用更多的实践、开放、互动交流的方式去引导学生们关注学科的深度内涵。女性学为我们提供了一个新的视角去看世界，是否可以采用一些比如即兴表演、模拟实践等大胆的方式，引导学生们去尝试运用更多不同的视角看待社会问题，看待未来的发展。

最后，建议女性学的同学们要心态平和，终身学习，积累经验，创新视角，走出去开阔眼界，剩下的就顺其自然地发展好了，你们终究会有属于自己的未来。

访谈员后记

王菁学姐的故事令人充满力量和勇气。女性学专业对她的个人发展影响深远，一方面，女性学专业给予她勇气和自信，让她敢于大胆向前走，走出属于自己的光明大道；另一方面，通过学习女性学专业的思维和方法，将其作为工作、生活、学习等各方面的辅助工具，助力自己多方面发展。从职业生涯初期到现在的成功，王菁学姐经历了许多挫折和困难，但她从未放弃，坚持贯彻自尊、自信、自立、自强的“四自”精神。每一个坚实的脚印，都凝聚着她的智慧、汗水和不屈不挠的精神。在访谈中，她多次提到了学习的重要性。无论是在职业生涯的早期阶段，还是在她已经取得一定成就的今天，她始终保持着不断学习的态度。她认为，只有不断学习，才能跟上时代的步伐，才能在激烈的竞争中保持优势。这种态度让我意识到，学习是一生的事业，不应该因为年龄或成就而停止。王菁学姐不仅在事业上取得了成功，还在家庭生活中找到了幸福。她分享了如何在繁忙的工作中抽出时间陪伴家人，如何在家庭和事业之间找到平衡点。这种智慧让我认识到，成功不仅仅是事业上的成就，更包括家庭和个人生活的和谐。

在访谈最后，王菁学姐对女性学的学妹们表达了鼓励和支持。她希望大家可以“冲破”社会对专业、性别的限制，勇敢地追求自己的梦想，不畏困难，坚持自己的选择。她的故事和鼓励让我看到了女性在职场上的无限可能，也让我对未来充满了希望。

筑梦北京，圆梦女院

——2004级女性学专业辅修班毕业生何爱丽

访谈时间：2024年3月26日17:00—19:10

访谈地点：中华女子学院科研处办公室

受 访 者：何爱丽

访 谈 员：林逸帆（妇女发展学院2022级女性学系本科生）

人物简介

何爱丽，中共党员，1984年生于甘肃靖远，已婚未育。目前在中华女子学院科研处工作。2003年考入中华女子学院法律系主修法学专业，2004年在女性学系开始辅修女性学专业，是中华女子学院女性学首届辅修班的学生。现任中华女子学院科研管理处交流与合作科科长。

一、背景介绍

（一）基本信息

我于 2003 年考入中华女子学院法律系主修法学专业，2004 年开始在女性学系辅修女性学专业，是中华女子学院首届女性学辅修班的学生。记得最初接触女性学是在大一下学期，我们有一门全校公共必修课《女性学导论》，这门课程的授课老师是韩贺南教授。韩老师以她广博、深厚的专业授课能力以及和蔼可亲的个人魅力深深地吸引了我，再加上导论课的内容启蒙以及开放、平等、参与式的授课方式，特别是独特的"社会性别视角"批判性分析方法，都让我对女性学专业产生了浓厚的兴趣，也为我后来选择辅修女性学课程打下了良好的基础。2004 年，当时我国的女性学专业人才培养层次是从研究生开始往上走的，本科层次女性学专业人才的培养机制还未建立。鉴于这种情况，女院女性学系勇为天下先，首先开启了女性学本科专业人才培养的探索，开设了女性学专业本科辅修班。当韩老师电话通知我课程开班的消息时，我毫不犹豫地加入了课程学习。首届女性学本科辅修班一开始招到了四十多名学生，后来有因为各种情况退出的，最后跟班完成学习的有 38 人。之所以一直强调我们是首届本科女性学专业辅修班，是因为 2002 年 7 月，学校与美国密歇根大学、香港中文大学合作开设了中国大陆第一个女性学研究生班，以此作为区别。

我原本应该是 2002 年入学，但由于高考成绩不理想，选择了复读，2003 年才上大学。那年，非典疫情暴发。疫情防控期间，我的一个已经在中央民族大学就读的同学回乡，她分享的一些在北京上学的经历和见闻很是触动我，拨动了我想去北京求学的思绪。后来一次晚自习后与另外一个同学关于高考择校的深夜谈话，再次确定了我要去北京读书的想法（这个同学与我同年考到了北京林业大学）。在此之前，我的理想是去西北师范大学学习汉语言文学，希望未来能成为一名高中语文老师。

（二）择校原因

选择来女院，纯属机缘巧合。高考前我萌生了想要去北京求学的初步想法，但真正选择北京，选择女院，还是高考成绩使然。在我高中所在的考区，当年报考的流程是考后考生自己估分，然后根据估分填报志愿。这特别考验考生的自我认知能力。我记得当年的数学考试特别难，交完数学卷子，我特别失落，脑袋是蒙的，感觉“前途渺茫”。好在中午及时调整了心态，其他科目正常发挥，结果还不错。

考试后更加紧张的环节是估分和报志愿，我的估分和实际考取的分数之间只相差了0.5分，这也成为我后来被录取到女院的关键因素。在我自己做的分数线的预测趋势图上，只有女院与我的各项情况最为符合。我最终报考了中华女子学院。因为父亲从事政法工作，我选择了法学专业，后来才知道法学是当年学校的重点专业，录取分数第一高。

二、在校经历

（一）学习感受

我选择女院的主要因素是地区和分数，而选择女性学则是因为兴趣和缘分。记得我在填报辅修专业申请表时，法律系当时负责审批的老师曾问我：“你学这个有什么用？”我的回答是“喜欢”，尽管没有正面回答老师问题，但我的内心却是坚定而笃信的。“选自己喜欢的，喜欢自己选的。”这句话真的很有道理。

在女性学专业的学习过程中，让我感受和印象最为深刻的是女性学辅修班的管理模式以及当时系里组织开展的各种活动和召开的各种会议。

首届女性学本科辅修班的学员来自学校不同的院系和年级，学员情况多元且复杂：在主修专业背景上，涵盖了法学、社会工作、学前管理、人力资源管理、计算机科学等多个专业领域；在学生学历结构上，有专升本的，也有普高本科的；在年龄组成上，有大二的，也有大三的。班级里大家背景各异，性格不同，只是因为对女性学的共同兴趣会聚在一起，学员联系松散而个性突出，其间的管理难度可想而知。但是女性学却用它独特的学生参与式组织方式顺利解决了这个问题。女性学辅修课程班在组织管理上充分发挥学生的能动性和主体性，在班级事务和课程管理上倡导民主、平等的管理理念，赋权以学员，在具体管理办法上实行A/B班长轮换制，班级事务高度自治，不仅高效解决了各类管理琐事，还让学员在日常学习和管理中潜移默化地锻炼了组织领导力以及团队协作能力。

最近，我找到了当年的花名册，这份名单上有当时班上所有人的名字和主修专业。看着这些曾经熟悉的名字，我依然能回忆起很多人以及我们共同经历的一些事情，例如，人力资源管理专业的张珊、范媛媛，学前教育专业的刘秀凤、王海霞、彭玉桃、张志涛等，还有我们班的“大姐”王菁，她是人力资源的主修专业背景，因为出众的组织领导能力，担任了班级的第一任A班长职务，她在班级中具有很高的号召力；我记得我是同期的B班长，在班级管理和学习中我们比较熟悉。范媛媛毕业后去了香港读书，后来回到了北京，现在在政府部门工作；王海霞跟我是老乡，来自甘肃天水，目前在学校附属幼儿园工作；彭玉桃毕业后去了新西兰，现在定居在那里；张志涛是来自兰州的一个可爱的女孩，她对理论课程不是很感兴趣，但对社会实践和公益活动非常有热情。我还记得有一个同学，她好像是达斡尔族的，她在课堂上跟我们分享了很多他们民族特有的文化和生活习俗，她毕业后应该是去了蓝天幼儿园工作。与我同期修习女性学课程的还有赵文秀、张莉、周瑾，我们都是2003级法学专业的。张莉、赵文秀和我都如期完成了课程学习并取得了“女性学专业辅修证书”，周瑾是因为参加了学校与日本九州女子大学的交流项目，在学期中前往日本留学，后来回国又继续完成了课程学习。

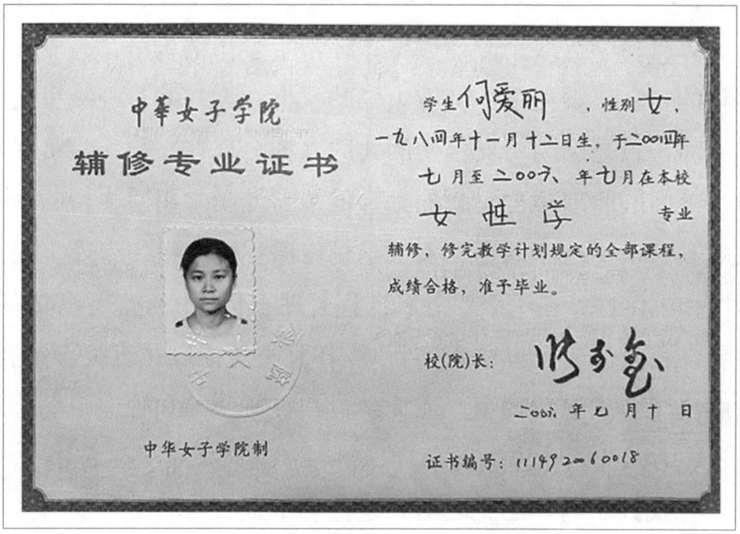
中華女子学院
辅修专业证书
学生何爱丽，性别女，
一九八四年十一月十二日生，于二〇〇四年
七月至二〇〇六年七月在本校
女性学 专业
辅修，修完教学计划规定的全部课程，
成绩合格，准予毕业。
校(院)长：
二〇〇六年七月十日
中华女子学院制
证书编号：1114920060018

何爱丽首届女性学本科专业辅修证书

当然，我受益和收获最大的还是女性学专业课程的学习。我记得女性学专业辅修课程有7门主干课，分别是：女性学理论（韩贺南）、性别与发展（陈方）、女性心理学（罗慧兰）、女性主义研究方法（张李玺）、中外妇女运动史（孙晓梅）、女性组织NGO/NPO组织管理与发展（张健）、当代女性热点问题研究（张李玺、刘伯红、黄河等），此外还有大量的课程实习和社会实践。辅修班的上课时间都安排在晚上和周六、周日，课程进度安排非常紧凑。我们的学习也是深入而具体，每天都会进行课堂讨论和小组分享。在课堂上，同学们都会根据自己的专业文化和生活背景来讨论和分析课堂中提出的问题，如性别刻板印象、传统家庭模式与女性发展、性别与性之间的区别，以及文化是如何构建女性角色的等各种议题。这些类似于头脑风暴的讨论和思考帮助大家深入认识自己，理解课程，反思人生。通过这种方式，同学们不仅学到了理论知识，还从个人经验中获得了深刻的理解。这些课堂经历对我们所有人来说都是难忘的。

女性学系开设女性学本科辅修课程班的实践，开创了学校举办“辅修”课程班的先河，是后来各专业举办“双学位”教学机制的雏形。继女性学辅修课程班后，学校开设了一系列的双学位课程，如“法学双学位”“金融双学位”“外语双学位”等，这种培育模式给学生提供了更多的学习机会，同时也增加了专业融合，提高了学生的综合能力。据我所知，很多修习了双学位的学生正是利用他们的双学位在职业发展中取得了成功。

（二）深刻经历

关于学习中印象深刻的经历，我觉得特别值得一提的是在系里和老师们一起举办的各种会议和活动，这是我们在课堂之外，把所学知识运用在实务中最直接的方式。记得当时系里经常会邀请一些学术大家来做讲座或是讲课，老师会让我们负责一些专家老师的接送和引导工作。这样，我们除了在课堂上聆听老师们的专业学术讲座，还增加了在生活中与专家们直接对话的机会，甚至是辩论。现在回想起来当时是有些“不知天高地厚”，但是老师们的包容和启发确实一直激励着我们的求学热情，至今仍是满满的力量。

再就是和老师们一起筹备会议的战斗经历，每一次会议都像是一场攻坚战，老师们是总指挥，我们是各路先锋。每次筹备会议都是一次学习和锻炼，在工作过程中，我们的行政能力、沟通能力、办事能力都得到了锻炼和提高，也让我在后来的工作中受益匪浅。记得我们在准备会议期间经常熬夜，但是大家都非常投入。每个人都有很多任务，我们会互相帮助。这种经历也让我养成了在工作中独立思考和自主完成任务的习惯。在会务筹备中，老师通常是给我们一个目标或是要达到的效果，而不告诉我们解决问题的具体办法，以此引导和督促我们主动思考，因地制宜，在实践中创造性地工作和学习。这样的训练使我们能够自主解决问题，并在实践中增强能力。例如，当我们需要做主题宣传时，老师们会告诉我们主题，剩下的内容和设计则需要我们自己去策划和实现。正是这种自主和创造性的工作方式，不仅让我们有了主动工作的动力，更树立了我们对工作的责任主体意识，增强了对工作的自豪感，而且在对任务的分解和细化过程中，我们的独立思考能力得到了提升，并激发了我们对于女性学学科实践与参与学科建设的激情。每一次老师的鼓励和对成果的肯定也极大地激励了我们，使我们在学术前沿领域不断成长进步和创造创新。

当时，女性学系在学术会议的组织上非常活跃，经常举办各类研讨会，邀请国内外知名专家学者交流学习，如杜芳琴教授、王政教授、王金玲教授、刘伯红教授、艾晓明教授、李小江教授等。女性学系一直着力于女性学学科的建设和发展，曾经举办了各类学术研讨会，形成了各种学术成果，如出版于2004年的《妇女学教学本土化——亚洲经验》是2002年举办的同名国际研讨会的论文集。在学习过程中，我们不仅可以直接阅读这些老师的文章，而且可以在课堂上或者其他各种会议上与老师及专家们直接对话，这些活动极大地开阔了我们的视野，使我们能够跟随学术前沿的步伐。

三、职业选择与发展

（一）留京就业经历

在校期间，我一直参加学校图书馆的志愿者活动，并且在大二至大三期间，还承担了图书馆阅览室勤工助学岗的管理工作。这段经历让我对图书馆的运营和管理非常熟悉，也与图书馆的老师们建立了良好、紧密的联系。与此同时，在韩贺南老师的推荐下，我还有幸担任了美国学者高夏薇教授在中国的项目助理，主要任务是协助教授完成她的亚洲妇女研究项目，我负责和教授一起去河北省青龙满族自治县农村开展田野调查，收集材料。我的主要工作是“翻译”，但不是中英文翻译，而是“方普”转译，也就是将访谈对象的河北方言“翻译”成普通话，以便教授理解。这是我第一次和外国专家到京外进行田野调查，尽管缺乏人类学的前期知识基础，但是之前辅修女性学的专业积累和能力培训，使我顺利克服了调研中的一些问题和困难，这次调研和学习经历也给我留下了深刻的印象。

后来由于学校机构改革等原因，我没能留在校图书馆工作。在距离毕业不到一个月的时候，我开始紧急找工作。因为有法学和女性学两个专业背景，所以在职业选择上，我较其他同学有着较为广泛的考虑。最后，我选择了一家社会组织——北京农家女文化发展中心，这是继 1995 年第四次世界妇女大会之后，北京地区第一批发展起来的社会组织之一，专注于妇女赋权和女性发展。之所以选择它，是因为在我女性学和法学专业的学习过程中，与这个机构有过密切接触。我在北京农家女文化发展中心只工作了半年，后来又转去全国妇联妇女研究所参加了全国妇联和联合国妇女发展署合办的 P03 项目。作为项目助理，我参与了项目的运行和日常管理工作，在执行过程中，不仅直接参与了全国范围内的基线调研和数据处理，还参与了各类各级别的研讨会及发布会。通过这些经历，我的视野和思维得到了极大的拓展，这对我后来的职业发展有着重要的影响。

再后来，由于一系列机缘巧合，我又回到了学校。时值原学校图书馆、中国妇女图书馆馆长李洪涛教授开展“妇女／社会性别学学科发展网络建设”项目，这是一个全国性项目，旨在推进妇女学和社会性别学的学科建设。因为我之前在图书馆的工作经历和女性学专业的辅修基础，李老师把这个项目的日常运行和管理交给了我。我在学校跟随李老师一起工作，在网络平台上跟其他高校和研究机构的老师一起参与网络建设，工作又像是回到了学生时代。

2008 年 7 月，学校又进行了一次重大的机构改革，将女性学、法学、社会工作学系合并成了社会与法学院，这次调整让我有机会回到了女性学系，回到了自己专业的怀抱，这种回归感觉就像是回到了自己的家。在社会与法学院，我的工作岗位是教学秘书，负责女性学系的日常教学管理工作，同时兼任部分系行政工作。之所以做此分工，一是由于我此前的女性学专业辅修经历，二是因为我具有法学和女性学双重专业背景，从专业和人事关系上都更为匹配这个岗位。2012 年，社会与法学院解散，我转岗去了其他部门；2012 年至 2016 年，我在学校保卫部担任办公室主任；2016 年，学校第七期全员聘任，我调岗到了科研管理处，担任科研处综合管理科科长；此后至今，我一直在科研管理处工作，目前是科研处合作交流科科长。

（二）目前职业职务

在我目前走过的职业生涯中，虽然岗位经历了多次变动，但在主要职责和专业背景方面基本是保持一致的。目前，我所在的岗位是学校科研管理处合作交流科，本职上还是行政管理类，工作的主要内容包括科研处日常行政事务管理，科研处财政专项的申报、分配及行政经费管理，校内外学术交流与合作活动管理等，如组织各类学术会议、讲座、学术调研及学术成果出版等。

（三）职业发展中受女性学的影响——优势与屏障

从我的职业经历来看，虽然经历了多次岗位变动，但始终没有离开女性／妇女发展的范围。不论是毕业之初在社会组织和研究机构，还是后来在学校的各个部门，一直都是在“女性学”的大环境中，相对来说比较平稳，却也少了一些其他经历的新奇。也曾经假设如果当年选择进入法律行业，现在的自己会是什么样子。但是，人生没有假设，总的来说，女性学的教育背景为我提供了独特的视角和专业基础，在职业选择和工作能力上均显示出其优势。这种基础不仅增强了我的职业竞争力，也为我在选择就业时提供了方向性的便利。

四、工作生活中的挑战与机遇

（一）关于工作

我自 2003 年来到北京，进入女院，至今已有 21 年的时间了。在此期间，我似乎从未曾离开过女性学，不管是工作还是学习，始终围绕着这个领域。

回顾过去，当年我之所以决定从全国妇联返回学校，是因为得知学校即将开办女性学研究生课程班，我当时的想法是回学校继续女性学专业的学习，但是事实上后来也偏离了自己的初衷。2008 年 8 月至 2012 年 4 月，参与了女性学学科建设与论证，女性学本科学位授予权评估，女性学国家级、北京市特色专业论证与申报，女性学一本专业论证等工作。在此期间，我几乎把所有的精力和时间都投入到了工作中。这段时间工作压力极大，以至于身体出现了问题，甚至不得不寻求医疗帮助。在这一过程中，我发现自己在人际关系的边界设定上存在问题，常常承担起不属于自己的任务。我过度压缩个人时间，追求在工作中得到积极评价，但这样的行为模式给自己的身心造成了不小的负担。

如今回顾，我认为对于职场新人而言，设置清晰的工作边界极为重要。同时，明确自己的初衷对于职业发展同样关键。虽然我最初回到学校是为了继续深造，但最终因为投入工作过深而未能完成研究生学业。这是我的一个遗憾。

此外，我认为设立工作边界意识和放下个人情结对于高效工作来说非常重要。我于 2012 年离开女性学系，转到后勤部门工作，工作压力明显降低。这次转变让我意识到，找准自己的定位和职责是有效工作的前提。

对于未来的学生，我希望他们能清楚地界定个人与工作的边界，确保在个人发展和工作责任之间达到平衡。我也希望他们能够意识到，即便是在北京这样的大城市工作，也应该明确自己的职业目标和生活选择，而不仅仅是追求所谓的“成功”。

（二）关于生活

同时，我也想谈谈在女院的学习和生活经历对我的影响。大学阶段，本应该是广泛社交和锻炼人际交往的年龄，但是女院的学生在这些方面会因为学校的环境而受到影响。虽然这种环境有其优点，但我个人认为，这在一定程度上限制了学生的社交和情感发展。

我希望未来的同学们可以理解，虽然学业和职业发展很重要，但平衡个人生活和社交活动同样重要。我们不应该仅仅局限于学校和书本，而是应该把握住在校期间的每一个机会，发展全面的人格和社会技能。我们之所以选择来北京，大多是因为其地理位置和丰富的资源。记得在大一时，我们有一门公文写作课程，我进行了一项调查问卷，发现多达 68% 的同学选择女院是因为它位于北京。北京作为资源中心，提供了广泛的学习和社交机会。尽管现在或许由于某些原因限制了一些跨校活动，但在我的学生时代，校际联谊活动依然频繁，这让我们有机会与其他高校的学生进行交流。例如，我们与中国公安大学、对外经贸大学的学生开展联谊活动，这种校际活动极大地丰富了我们的生活，也锻炼了我们的社交技能。

在北京学习期间，我学会了充分利用这座城市的高质量资源，这让我有机会去体验不同的社会活动和实践机会，这些经历帮助我在未来做出更明智的职业和生活选择。我也意识到，职场和学习是需要明确区分的两个领域，不能用学生时代的思维去考虑职场问题。

（三）关于感情

家庭和婚姻在我生活中占据了重要的位置，让我比较有安全感，我更倾向于传统的家庭模式。幸运的是，我最终找到了合适的伴侣，我先生与我经历类似，目前我们正处于婚姻的磨合期。

我认为，婚姻和感情建设是个人个体成长中极为重要的部分，人应该在青年时代进行学习并多加尝试，尤其是在学生时代，不仅要提升学业能力，也应增强交际能力和情感智商。情感智商的培养是在实际的人际交往中摸索出来的。在与人相处的过程中，通过不断调整和自我认知，可以在两性关系和婚姻生活中少走很多弯路。

五、未来规划与展望

（一）个人未来规划

在职业发展的过程中，我始终没有放弃进一步学习的计划。曾考虑并尝试过去攻读女性学硕士，但由于工作繁忙最终未能实现，但我一直保留着专业书籍，希望有朝一日能继续我的学术旅程。

我对女性学的研究兴趣源于个人的启蒙经历，这让我意识到在女性学领域有许多专业性的发展可能。我愿意做女性学学科历史的见证者、发展的建设者。我曾与韩老师有过深入的交流，她在担任系主任时对女性学的学科发展作出了重要贡献，并鼓励我在未来为她做口述史记录。此外，我和我的同学们也在探讨通过视频访谈等形式，记录并分享我们这一代女性学毕业生的职业和生活发展。我们认为，这不仅能从学科发展的角度提供有价值的见解，也能为个人成长提供支持。

（二）对女性学学科发展期望

关于女性学学科发展，这是一个宏大的话题。一直以来，女性学系一直致力于女性学学科建设，在学科建设、专业发展和人才培养方面进行了各种探索和奋斗。2004 年，开办首届女性学本科专业辅修；2006 年，女性学本科专业开始正式招生；2010 年，女性学成为国家级和北京市特色专业，并升级为一本招生。这一个个里程碑，标志着女性学系在专业建设方面作出的努力和贡献。

2006 级学生在 2010 年毕业时，去向多样，大致三分之一的学生选择了出国深造，三分之一考取了公务员或成为“村官”，而另外三分之一选择在国内继续深造。尽管女性学是一个小众学科，学生的质量和最终成就都非常高。

整体来看，虽然女性学学科面临诸多挑战，但我们全系教职工和学生始终未放弃努力，旨在推动学科的发展和学生的成功。我们希望通过不断的努力，能够为女性学学科创造更多发展的机会和可能。

在职业方面，我们有两位毕业生被派往安徽妇女干部学校任教，这在全国也是极为罕见的例子。这两位本科生直接去妇女干部学校当老师，显示了我们学科的实用性和社会认可度。

从学科建设的角度来看，我认为女性学系应承担起使命感，解决就业问题，推动学科进入一流大学的学科体系，从而在学术界占据一席之地。尽管这个目标短期内实现有一定难度，但我相信通过持续的学生培养和专业发展，我们可以逐步解决这些问题，这是我们所有女性学人的美好愿景。

访谈员后记

亲和、笃定、信念，是人拥有了一定阅历之后才会拥有的气息，这是我初见何爱丽学姐时的感受。她身上那种智慧女性独有的柔性、清醒与韧性，是我一直渴望拥有的气质。在访谈过程中，何爱丽学姐的回应不仅帮助我了解了女性学学科的历史，更让我见识到榜样的力量。通过访谈交流，我意识到，在女性学学科建设发展的征途中，曾有那么多无畏的先行者，当下还有如此多的同行者；我从前辈们的故事里汲取到超越性的力量，并借以突破束缚自我的牢笼，获得与困难压力做斗争的勇气。

何爱丽学姐选择女性学是兴趣和缘分使然。“选自己喜欢的，喜欢自己选的。”女性学从始便是学姐坚定的选择与热爱。我想，正是这种“既来之则安之，既安之则成就之”的积极心态，让学姐始终对学习、工作与生活葆有期许与热望，持续上进。

在访谈中，何爱丽学姐提到女性学学习对她的学习生活和工作产生了深远影响。在女性学专业课程中，老师们并没有不断给学生灌输枯燥乏味的理论知识，而是带动大家一起思考现实社会中的性别议题，培养学生独立思考和自我悦纳的能力，并且让学生们意识到表达态度的重要性。这是女性学专业独特的宽容氛围。她在大一下学期接触《女性学导论》课程后，被韩贺南教授的教学风格和内容所吸引，从而决定辅修女性学专业。这一决定为她的学术生涯奠定了基础。

通过辅修女性学专业，她不仅扩展了自己的学术视野，还培养了社会公益意识和志愿者精神。学姐在学习期间参与了许多专业学术研讨会议与丰富的社会实践活动，这些经历不仅让她深刻理解了NGO组织和项目管理，还为她未来的职业发展提供了宝贵经验。何爱丽学姐曾在学校图书馆的志愿者活动和勤工助学岗位中积累了丰富的管理经验，还在美国学者高夏薇教授的项目中担任助理，积累了跨文化交流和研究经验。再后来，她承担全国妇联和联合国妇女发展署合办的P03国际项目的项目助理工作，直接参与项目的运行和日常管理工作。最终，兜兜转转回到了女院从事行政工作。

这些经历不仅拓宽了她的学术视野，还培养了她的社会责任感和跨文化交流能力，为她提供了独特的视角和专业基础，在职业选择和工作能力上均显示出其优势，为其在选择就业时提供了方向性的便利。同时，对于个人发展而言，坚持自我与初心，也是学姐一直强调的。一定要记得自己为什么出发，一定要清晰规划自己的目标和任务。

对于女性学学科发展，何爱丽学姐表示自己始终没有放弃进一步学习的计划。她愿意做女性学学科历史的见证者、发展的建设者，借着智慧与专业能力，以实践形式回馈专业建设发展需求，这正是女性学学者具有的核心力量。

在如此优秀的前辈的带领和创新下，我们定继往开来，女性学将永不失鲜活性和生命力。因为有热爱，有继承，有创新，就会生生不息。

以生命影响生命

——2004级女性学专业辅修班毕业生王海霞

访谈时间： 2024年3月30日 11:30—13:10

访谈地点： 北京林奥购物中心

受 访 者： 王海霞

访 谈 员： 赵佳琳 （妇女发展学院2023级社会工作专业妇女发展方向硕士生）

人物简介

王海霞，41 岁，中共党员，籍贯甘肃，已婚，育有一女。2007 年本科毕业于中华女子学院，就读于学前教育专业、辅修女性学。研究生就读于首都师范大学学前教育专业，现担任中华女子学院附属幼儿园保教主任一职。

一、我与女院的渊源

2003年春天，正值非典疫情肆虐，在这段全民抗疫的艰难时刻，我迎来了高中最后三个月的生活。而这一年，高考考试时间由往年的7月提前至6月，我成为这一重大调整的首批亲历者，内心交织着新奇与忐忑，深知这场考试对我未来命运的分量。

高考结束，我们是先估分，再填报志愿。根据估分，我最想选择苏州、南京和北京的高校，这些地方深厚的文化底蕴和教育资源吸引着我。作为一个热爱文史、讨厌数学的人来说，我在填报志愿时陷入了两难困境。

就在我不知道该如何选择的时候，我的嫂子也参与到我的人生规划中，她是我们当地师范学院的老师。她用专业的性格测试帮助我深入了解自我，分析适合我的职业路径，引导我在城市、学校与专业之间做出权衡。经过深思熟虑，我把目光投向了北京，中华女子学院的学前教育专业成为我的首选。该专业当时是女院最好的专业之一，其广阔的就业前景也非常吸引我。

就这样，中华女子学院的学前教育专业成为我专业生涯的起跑线。这一步，不仅是对个人兴趣的追求，更是对未来职业发展的前瞻，我深信，正是这样的决断，为我后续的专业发展铺设了坚实的基础，开启了无限可能的未来。在那个非同寻常的年份，我以勇气与理智，书写了自己青春的篇章。

大学四年的时光，对我来说，是一段知识探索与自我成长的宝贵旅程。黄河老师，一位刚从象牙塔走出不久的年轻学者，带着对女性学领域的无限热情和前沿视角，在《女性学导论》这门课上为我们这群求知若渴的学生描绘了一个充满活力与挑战的新世界。她的课堂上，没有枯燥的说教，只有生动的案例分析和深入浅出的理论解读，让每一个概念都鲜活起来，激发了我对女性主义理论的浓厚兴趣，这也为我在大三时辅修女性学埋下了伏笔。此外，罗慧兰教授的家庭社会学选修课程也是我大学生涯中的一抹亮色。罗教授以其丰富的学术经验和敏锐的社会洞察力，引领我们深入探讨家庭结构变迁、性别角色以及家庭成员间的互动关系，让我对社会现象背后复杂的社会动力学有了更深刻的理解，这些思考对我个人的成长和世界观的塑造产生了深远的影响。

当女性学专业招收第一届辅修专业的学生时，我毫不犹豫地报名了。一是因为之前上过女性学的课程，对我个人成长有很大的帮助，二是为自己未来的职业道路多准备一个可行的选项。然而，随着学习的深入，我发现自己对女性学的热爱远远超出了最初的设想。在陈方老师以及其他众多女性学领域知名专家，如刘伯红、王政、张李玺等人的讲座与研讨中，我仿佛置身于一场场思想的盛宴。她们的授课，不仅拓宽了我的学术视野，更让我深刻理解到女性学不仅仅是理论，也是活生生的社会实践，是对女性地位、权利、发展等问题的深切关怀。

在女性学的学术训练过程中，我积极参与文献调研、综述撰写、论文构思等，特别是有幸在陈方老师的指导下参与一些重要课题的文献检索工作。这一系列严谨的学术活动锻炼了我的研究能力和批判性思维，使得我在撰写本科毕业论文时能够提出独到见解，也为我之后步入职场打下了坚实的基础。

在那段充满求知欲与自我发现的求学岁月里，我经历了一场深刻的内心变革，逐步意识到性别关系的复杂性和重要性，我的性别意识也随之觉醒。通过《性别与社会发展》这门课程的深入探索，我如同穿越了一扇通往新世界的门扉，开始理解社会性别远不止生理差异那么简单，它是一种被社会构建的、深植于文化、历史与权力结构中的复杂概念。我学会了从不同的维度审视女性如何在政治、经济、文化等领域争取并维护其地位与影响力，同时也意识到女性参与公共生活所面临的种种现实挑战与障碍。

这段经历不仅丰富了我的专业知识体系，更重要的是让我的自我意识开始觉醒。我开始重新认识自己，接纳自我，对女性身体构造有了全新认知，从月经羞耻中解脱。女性学的学习，也让我开始重新审视家庭内部的传统性别角色划分，尤其是那种将家务劳动默认为女性职责，父亲在家务活动和养育子女中参与度较低的现象。我开始明白，这种看似平常无奇的分工模式，实际上深深根植于长久以来的社会性别规范之中，是父权社会中的一种非自然法则。因此，在考虑个人的婚姻与家庭生活时，我将伴侣间能否平等分担育儿责任和日常家务作为重要的衡量标准。我渴望的伴侣关系是建立在相互尊重与合作的基础之上的，双方都能在家庭生活中扮演积极主动的角色，共同承担起经营家庭的责任。基于这样的理念，我和伴侣决定成为父母之前，先花时间去深入了解彼此，适应对方的生活习惯，通过一段时间的共同生活来磨合与成长，确保我们的关系稳固且成熟，以便为未来的孩子提供一个和谐稳定的家庭环境。

婚后，经过两年的磨合，我们才准备迎接新生命的诞生。这个决定不仅反映了我们对个人成长和关系质量的重视，也体现了对性别平等原则的坚持，即在每一个生命阶段，都应追求双方的共同参与和平等贡献，从而为孩子树立一个性别平等的榜样，让他们在一个充满爱与尊重的环境中健康成长。

总而言之，我 2003 年高考的决定，不仅关乎学业，更涉及个人成长与自我认知的觉醒。女性学的涉猎深深地影响着我的恋爱观与家庭观。女性学的学术训练则赋予我独立思考能力，帮助我很好地从事科研工作。从大学到生活，女性学的教育，每一步都为我打下坚实基础，使我成为今日之我。

二、在工作中，做一个长期主义者

胡华园长既是中华女子学院附属幼儿园（以下简称花草园）的园长，也是我们学前教育专业的专业课老师。在她所讲授的《幼儿园管理》的课堂上，经常为我们带来生动、鲜活的幼儿园案例。她的课让我第一次从另一个角度认识、了解幼儿园的工作，也让我知道，原来不是所有的幼儿园都要求老师会唱歌跳舞。当胡园长说，她在招聘老师时，不会在意他们会不会唱歌跳舞，而是和他们聊天，聊聊家里的情况，兄弟姐妹有几个，和家人的关系怎么样……她最看重的是一个人的天性。这简直颠覆了我对幼儿园园长、幼儿园老师以往的所有认知。哇！竟然还有这样的幼儿园园长，当这个幼儿园的老师该多幸福啊！要是能去这样的幼儿园工作该有多好啊！

于是，在大四的春季学期，我以教师助理的身份开始了在花草园的毕业实习。2007 年 9 月，我正式成为一名幼儿园教师。我的工作也由教师助理转为配班教师。作为新入职的配班教师，胡园长会在期末听新教师的公开课，也是我第一次上公开课。心里铆足了劲儿，一定要上好这节课，要不大学四年学的那些教法课岂不是白学了！综合了各方面的因素后，我选择了一节小班健康领域的课。前期和班长老师进行了多次的说课，活动目标对着《幼儿园教育指导纲要》改了又改，活动内容各个环节如何衔接，每一部分说什么样的话都在心里演练了无数遍，也提前和孩子们讲了园长妈妈要来听课，请大家好好配合我，表现好的，课后我会发奖励。总之，我把能准备的都准备妥当，就差最后的展示了。

正所谓期望有多大，失望就有多大。在我组织活动的时候，大脑突然一片空白，我竟然忘记了课前预设的教学环节和教案上所写的内容，我不知道要和孩子们说什么话，也不知道该怎么引导孩子们一环扣一环地开展活动，孩子们也不听我说什么，现场乱作一团，他们自顾自地玩着活动材料。当时，我也不知道要如何去挽救这失控的场面，心里只有一个声音“完了，完了，活动组织成这样，胡老师该怎么看我啊”！要不是还有点儿职业素养，当时我肯定就哭了。我不知道后面是如何收场的，胡老师课后没有点评就走了。这节失败的课对我的打击太大了，我开始怀疑自己的能力，甚至开始反思自己是不是真的适合这个职业。

现在想来，当时自己太过相信在学校学的那套理论知识，以为仅仅依靠所掌握的理论就能够支撑自己组织一节好的活动，以为幼儿教育就是这样自上而下用理论指导实践的。然而，现实却无情地告诉我，如果心里没有孩子，眼里看不到孩子，把公开课当作一场表演，把本来是活动主体的孩子当作配合我完成表演的人，注定不会是好活动。

2009 年，幼儿园为了切实做到从教师需求出发来开展教研和教师培训工作，胡园长编制了一份“教师工作困难度”调查问卷。回收完问卷后，胡园长安排我对这些问卷做一个简单的分析。接过任务，我用 SPSS 软件很认真地做了分析，并做了数据的理论说明，胡园长看过之后，认为分析出的数据有一定的参考价值，就让我和老师们分享问卷结果。当时我心里特别高兴，心想虽然活动组织得有些差，但是我还可以做科研相关的事情。之后，胡园长开始让我协助她完成一些科研的工作，我也在这个过程中慢慢找到了自己的专业自信。

后来，我和胡园长聊起这件事时，她说了一段话，大意是：“我不希望你们千篇一律。如果千篇一律，工作的创新性从何谈起？你们每个人都有自己独特的价值和不可替代性，都是幼儿园宝贵的财富。作为一个管理者，要做的就是帮助你们找到自己的生长点，让你们能够抓住自己的工作锚，这样你们才能用自己的优势工作，也会看到自己生命的内在力量，有更加主动的发展愿望。”

2013年，王海霞参与幼儿园课程改革讨论会（后排左二）

我真的非常佩服胡园长，她不会去培训我们的教法，也不会在意我们是否能很快组织好一节活动，而是耐心帮助每一个人找到自己的生长点，让我们能够依托这个“生长点”，静下心来修炼，拥有自给自足向上攀登的勇气、能力和力量。

随着时间的推移和经验的积累，我也渐渐成为一名成熟教师。2012 年 9 月，我成为班长教师。在当班长教师的四年时间里，我学会了如何处理与家长的关系，学会了平衡自我认同、专业发展与个人成就之间的关系，也认识到教育中教师与儿童应是双主体，共同促进彼此成长。我逐渐懂得，教育实践中的每一次挑战和反思都是成长的宝贵财富，而重要他人与关键事件则是让一个人成长的关键。2016 年 9 月，我调任保教主任，这对我来说是一个极大的挑战，但当机会来临的时候，我欣然接受这份挑战。

三、“我好，你也好”的夫妻相处之道

在这个时代，每个家庭都是一部微缩版的社会剧场，上演着爱与成长的故事。

我和爱人自认识、相恋、结婚，一直是一种相互成全、相互成就的相处模式。因为我爱人的工作性质，我认为他要是能读博士，可能对他将来的发展更有帮助，所以我鼓励他报考博士。在他读博期间，我承担了更多的家庭事务。而当我的工作需要加班，需要在假期中完成一些工作时，他也会默默地支持我。有时加班到很晚时，他会来接我下班。当我工作中遇到问题时，他会给予我一些很中肯的建议，从另外一个角度让我重新思考遇到的问题。

我爱人是个典型的“学霸”，从小到大成绩优异，以至于生活中那些琐碎小事，比如洗衣做饭，都被家人贴心地挡在了门外，对于家里看不见的事情，他从来不会主动去想，更不会去做。然而，家庭里是不看学习成绩的，要看

的是生活常识、生活能力。为了让我爱人能够主动承担更多的家庭事务，能够为我们这个小家做一些计划，我会有意识地往后退，让他在前面。比如我们准备出去玩儿，那么前期的准备就由他来做，我负责查漏补缺。当这样的事情越来越多的时候，一个男人才能成长为一个丈夫、一个父亲。

女儿的出生，让我们的生活更加多彩，也让我们意识到，父亲的角色不可或缺。为了尽快让老公完成角色转变，我们商量后，让女儿的小床紧挨着老公那边，晚上照顾孩子的事儿，我俩得一起上阵。只有参与了，才能让他比较快地进入父亲的角色中，体会到养育孩子的不易，看见彼此的付出。共同照顾女儿，让我们夫妻之间有了更多的相互体谅，反而成为夫妻情感的增温剂。

一个幸福的家庭，不在于谁做得多谁做得少，而在于那份付出被看见、被尊重。真实、坦诚、信任、积极的沟通是促进一段关系良性发展的活性物质，也只有在这样的前提下，才能实现“我好，你也好”的理想状态。虽然夫妻之间的相处有时候像是在博弈，但一定要放弃改造一个人的想法，只有允许差异，允许和而不同，才能达到夫妻之间美美与共的一种状态。

四、养育孩子的过程，也是共同成长的过程

爱与婚姻，两者虽紧密相连，但在实质与体验上却存在本质的差异。爱情，常被视为两颗心灵的纯粹吸引，是激情与浪漫的结合，它让人心动，让人沉醉；而婚姻，则是爱情落地生根后的现实土壤，是责任、承诺与日常生活的交织，它更像是一场细水长流的修行，考验着双方的理解、包容与共同成长。因此，在我的性别意识觉醒后，对于婚姻的理解不再停留于表面的结合，而是深入到如何在平等、尊重的基础上构建一个健康的家庭环境，尤其是在对下一代的教育上。

特别是在教育孩子的过程中，我深刻意识到性别教育的早期介入至关重

要。我不仅将其视为一种知识的传授，更视为一种价值观的培养，让孩子从小就树立起性别平等和相互尊重的观念。在幼儿园的活动安排上，我积极倡导开展性别相关的开放式讨论，鼓励孩子们提出疑问，打破性别刻板印象，让他们明白性别差异是自然界多样性的表现，而不是限制或区分彼此的界限。

例如，当女儿好奇地问及为什么妈妈要用卫生巾时，我没有回避，而是用一个简单且富有想象力的比喻来解释："每个女孩子的肚子里都有一个叫子宫的房子，当她长大当妈妈的时候，宝宝就住在这个房子里，这个房子会保护宝宝在妈妈肚子里健康成长。当她没做妈妈的时候，这个房子会每个月自己进行一次卫生大扫除，好让房子能够保持健康、干净。房子在自动打扫的时候，就会把一些不需要的东西清扫出来，这个时候，卫生巾就像一个垃圾袋，把这些不需要的东西装起来。"

通过这样的方式，我不仅解答了孩子的疑惑，更在她心中悄悄播下性别教育的种子，使她能够以一种自然、健康的态度去认识和接受自己的身体变化，同时也培养了她对他人隐私的尊重和理解。我们也会一起阅读《我从哪里来》《小威向前冲》《我的身体》等绘本，让她坦然接受性别知识，视其为自然，无须遮掩。这样的教育方式，旨在打破围绕性别话题的沉默和禁忌，让孩子在爱与理解中成长，学会如何以平和的心态去面对生活中的各种差异与挑战，建立起一个良好的自我状态。

在我看来，一个孩子拥有一个好的自我状态是很重要的，也是家庭教育中最有价值的地方。这个"自我状态"像一个调节器一样，调整一个人未来面对世界时的学习状态、生活状态、交友状态，甚至未来的婚姻状态。如果没有一个良好的自我状态，即使学习成绩特别优异，但在人格上仍然是一个不成熟的婴儿。所以，在我心中，一个好的人格状态比优秀的学业成绩更有价值，这是一个人人生的底色。

女性学虽未直接影响职业轨迹，但间接塑造了我的家庭观及亲子教育观，与伴侣互动。

五、我和我的女性学老师们

在我的成长中，在女性学的学习中，给我的人生带来深远影响的是两位老师。

陈方老师是我们女性学班的班主任。在私下里，她经常会和我们聊天，了解我们的过去，了解我们的家庭，倾听我们对当下学习的想法；在课堂上，她引导我们从性别与发展的角度思考女性在参与政治、决策、经济、文化等方面的现状，开启我们的女性意识，也对女性身份产生了强烈的认同感。

陈老师对每个人都很了解，她会给我们每个人安排一些比较擅长的事情来做，因势利导，注重发展我们的优势。比如，陈老师了解到我喜欢看书，喜欢静下心来做一些事情，所以她邀请我参与到当时她正在开展的一个“中国性别平等与妇女发展指标研究与应用”的项目中。虽然我主要做的事情就是查找资料，建立资料目录，整理主要内容，但正是因为这项工作，让我明白：即使不会唱歌跳舞也没关系，我还可以做其他的事情！这种自我信念的建立让我感觉自己宛若新生。

现在回忆起这件事，我开始思考：为什么陈老师会成为那把为我打开“自我新世界”大门的钥匙？我想或许是因为她“看见”了我。当我被“看见”的时候，仿佛一束光打在我的身上，我小心翼翼地尝试，在一次次踏实的进步中，对自己的信心越来越多，自我效能感越来越强，能量的“蓄水池”越来越大。所以，我也在心里对自己说：如果我成为一位老师，一定要做能“看见”学生的老师。因为，每个人都渴望被“看见”。在“看见”中，我们获得的最重要的东西就是自我价值感。我是一个什么样的人？我值不值得被别人珍视？当我们得到肯定答案的时候，才能够回馈给这个世界更多的爱和美好的东西。这是教育中最宝贵的力量！

前几天，我收拾家里的书柜，翻出了陈方老师的《全球化、性别与发展》一书。打开那本书，我看到了自己曾经做的密密麻麻的笔记。回想起和陈老师交往的点点滴滴，她强大的内心世界，平和、从容的处世心态，也深深地影响了我。让我在这个浮躁的社会中，能将目光投向自己，不断扩展自己的心理空间，努力成为更好的自己。

孙晓梅老师是我们《中外妇女运动史》课程的老师，她像一位穿越时空的向导，为我搭建起一座连接过去与现在的桥梁。在她的课堂上，我第一次接触了人类学、社会学的很多观点，懂得了不是所有的研究都需要量化数据，恰恰是那些数据背后藏着的情感与温度才是最触动人心的。跟随孙老师的讲述，了解到妇女在这个社会上发展的不易，我仿佛亲身游历在不同的时代洪流中，感受着普通人的悲喜与成长，这不仅拓宽了我的视野，更让我的思考有了深度。

当人类学和社会学的种子深深地埋藏在我心里后，我很容易理解为什么幼儿园在课程改革中会引入人类学和社会学的思想。经过多年的探索，我们幼儿园形成了一套在学前教育领域颇具影响力的“生活化课程”。在这套承载着中国传统文化与哲学思想的课程中，每年的 12 月都是幼儿园的“美食月”。食物是一种多维度的复杂体，是自然与文化之间的枢纽。从人类学视角来看，食物与教育之间具有密切的联系。这个月，我们借助于人类学的视野，探寻在历史的长河中，从食物选择、饮食工具的使用、饮食顺序、饮食礼节、饮食创新等方面，人类的饮食文化是怎样发生与改变的……这个月，幼儿园的教室变身为厨房，家长们不再是旁观者，而是成为教育过程中的活跃分子。他们带着各自家庭的独特食谱，讲述着每一道菜背后的故事——有的是祖辈传承下来的经典，蕴含着家族的记忆与荣耀；有的是旅行中的偶得，承载着对异国文化的探索与尊重。孩子们在家长的指导下，动手揉面团、切蔬菜、加调味料，不仅学习了基本的生活技能，更在制作食物的过程中，体会到了劳动的快乐和创造的成就感。

孙老师当年在我的心里种了一颗小种子，这颗小种子跨越了时间的长河，在适当的时候生根发芽，让我作为一个教育工作者不再囿于自己的专业领域打转转，而是能够把视野投放到更远处，用宽广的视角审视教育的全貌，站在更高的层面去思考。关注宏大叙事不如聚焦日常，生活中的每一个细微片段，都能成为教育中非常宝贵的资源。

六、女性学与阅读，让我开始关注“人”的成长

作为一个从西北小城走出来的大学生，我是典型的小镇“做题家”，不够聪明，但因为努力，勉勉强强上了一所大学，内心有很多的自我否定。再加上学前专业开设的钢琴课、视唱练耳课、舞蹈课等艺术类课程，对我来说更是一个极大的挑战，让我越来越自卑，总觉得自己技不如人，没什么特长。那时候我唯一拿得出手的就是文化课成绩，其他社会实践类活动都很少参加。

在辅修女性学的两年时间里，我越来越意识到作为一个“人”的成长的重要性。有一次，陈方老师在上课时说：“人生是用来体验的，不是用来演绎完美的。你要感谢生命中一些糟糕的体验。因为，糟糕的体验也是体验，也是人生的一部分。我们不需要演绎生活的完美，也不需要追求生命的完美，只需要体验就足够了。”这些话让我感到醍醐灌顶。

那个时候，陈方老师会让我们每一个同学轮流当班长，负责女性学辅修班里的所有事情。这对我来说真的是一件特别困难的事情，因为需要和所有人建立起关系，我能否胜任班长的工作，服务好大家，我是存有疑问的，所以我也想过放弃。但是想起陈老师之前说的“人生是用来体验的”又让我想去试一试。在纠结后，我最终还是决定去试试当班长。

当了班长后，我发现自己其实是有能力胜任这项工作的，周围的老师、同学都向我释放出了极大的善意，来包容我、抱持我。这件事情也让我意识到每个人都有这样的使命——成为自己。当我能够成为自己，让完整的自我引导我、帮助我、支持我朝向外在的世界，这个完整的自我就不会被外在的

世界、他人的目光所干扰或撕裂。

无论外在的变化是什么，我都能够练习轻柔地抱持自己内在每一个不同的面向，联结自己，爱自己，接纳自己……从完整的自我，从身体的中心，向世界去敞开，进入世界之中。这也让我处在一种温和而坚定、自在而从容的状态，带给自己，也带给他人更多的平静和力量。

女性学的学习，乍看之下似乎聚焦于探讨女性的权利、地位和经验，但实际上，它是一门跨越多个学科边界的学问，融汇了人类学、社会学、哲学等众多领域的精髓。通过女性学的视角，我们被引导着以更加宏观和多元的角度去审视这个世界，理解生活的多样性与复杂性。女性学不仅仅关乎性别平等，它更是一种启发我们思考如何在多元社会中构建更加公正、包容和理解的桥梁。

阅读也让我学着从不同的角度审视自我与世界的关系，更是我思想成长和人格塑造的关键节点。它让我深刻体会到，真正的学习是跨学科的融合，是思想的自由飞翔，是灵魂的深度滋养。在这个信息爆炸的时代，我们更应学会筛选、反思、沉淀，让内心在快与慢之间找到平衡，让生活因此而美好。

七、与自己和解，成为一个本自具足的人

二十来岁刚毕业的时候，工作之于我，不过是一份职责，一种生存的手段，它让我能够在北京这座城市落脚。然而，随着时间的流转，我渐渐发现，幼儿园教师这份工作能够帮助我实现自我价值，它不仅仅是一个谋生的工具，而是我热爱的事业。

回想起工作中的点点滴滴，我发现自己在与孩子们的互动中，找到了一种超越物质的满足感。那些纯真的笑脸、无邪的眼神，成为我心灵深处最柔软的部分。我开始相信，这份职业不仅仅是我的事业，它更是一种信仰，一

种对美好未来的执着追求。信仰的力量在于，当你全心全意地信任和依赖某个事物时，它会以不可思议的方式回馈你，让你变得更加完整和强大。曾经，我将孩子们视为服务的对象，我们之间仿佛隔着一道无形的墙。工作成了机械的重复，日复一日，我只是按部就班地完成任务。但随着时间的推移，我在这份工作中发现了自我探索的契机，我开始修复那些童年时期遗留的创伤，与自己和解，与家人和解。

作为家中的长女，我习惯了成为最让父母省心的孩子，满足父母的期望，成为弟弟妹妹们的榜样。我甚至觉得，因为我不是父母所期待的孩子，所以他们才要再生一个。这些问题在我心中困扰，影响着我对自我身份的认同。但在与孩子们相处的日子里，我渐渐学会了放下，学会了理解，学会了宽恕。我与父母之间的关系也在悄然改变，他们开始倾听我的声音，尊重我的选择，我也成为家庭中一些重要事情的参与者、决策者。

这一切的转变，并非偶然，而是源于我内心的觉醒。2013年9月，幼儿园开始进行课程改革，自主探索新的课程模式。（当时我们把这套课程称为“新课程”，也就是后来的“生活化课程”。）这样的尝试对当时的我来说是一件非常困难的事情。这种困难，不是技术上的，而是心理上的。

经过几年教学经验的积累，对于之前使用的那套教材，我已经非常熟悉，很清楚每个活动该怎么切入，怎样会有亮点展现，怎样依托课程开展班级特色活动，怎样进行环境创设……但现在我要打破原来的舒适区，重新建构对课程的认识，我的内心很抗拒。所以，在10月“爸爸妈妈是这样爱我的”课程中，我看似在跟着年级组的老师们一起实施课程，但是从内心来讲，我始终徘徊在课程的外围。

胡园长感觉到了我的抗拒，11月的时候，和我进行了一次深度的谈话。我开始反思这种阻抗力来自哪里？我以为是技术上的阻抗，“新课程”让我找不到抓手。但是胡园长和我谈话后，才意识到我的阻抗不是因为课程的技术革新，而是来自我的内心。因为10月的课程主题是“爸爸妈妈是这样爱我的”，它触碰了我内心角落里不愿意触碰的一个东西——我和我母亲的关系，这是我内心不想言说的故事。哭着向胡老师说出压抑已久的事情，觉得如释重负，感觉那一刻自己似乎再也没有什么可惧怕的东西了。

在“生活化课程”中，每一个人都是课程资源的重要组成部分，我们会带着自身所携带的文化烙印融入课程之中。过去所发生的一切都会以一种隐秘的方式，影响我当下的思考与行动。我必须和我的过去、我的原生家庭完成一次对话和某种程度上的和解，才有可能完成一次自我突破。这场谈话也让我深深感受到“生活化课程”所拥有的让人勇敢的力量和治愈人心的温暖力量。

我开始明白，真正的强大不仅在于面对外部世界的挑战，更在于敢直视并治愈内心的创伤。这段经历虽然痛苦，却也成了我人生中最宝贵的财富之一，引领我走向了一个更加完整和充实的自我。

如今，我站在这里，回首过往，每一步都显得那么珍贵。我从一个对工作缺少热情的年轻人，成长为一个拥有信念和梦想的教育工作者。我的故事，或许只是千千万万个普通人生中的一个小小片段，但它教会了我，无论身处何种境遇，只要我们愿意去探索、去学习、去爱，生活总会给予我们最美好的回报。

八、一抱怨就感恩

在这个世界上，真诚是一种无价的品质。社会上有许多聪明人，但当你的真诚光芒四射时，所有的算计都将黯然失色。女性学教会了我这一课，让我懂得了做一个真实的人，用真诚去与人沟通，这样的坦诚是无人能抗拒的。

回想起大学时代的实践经历，我在全国妇联的实习让我深刻体会到了实践的力量。在那里，我有幸遇到了一位极具人格魅力的老师。一次，我将一份双面材料错误地复印成了单面，本以为会受到责备，但那位老师却没有说我，她只是轻描淡写地说：“单面的方便我做批注，你再复印一份双面的就可以了。”她的这句话，让我悬着的心一下子放松了下来，我也没有一直纠缠在自己做不好事情的情绪中，而是想自己为什么会出现这样的错误，下一次我可以怎么做。

在生活中，我们会遇到形形色色的人，他们在不同的角色转换中展现出不同的人格魅力。我们的园长曾告诉我们：“一抱怨就感恩。”这句话深深地触动了我。当我们学会用感恩的心态去看待生活中的每一件事，我们的心灵也会变得更加柔软，我们的生活也会因此而变得更加舒展。

九、我对于专业的展望

在那个青涩的学生时代，我们初次踏入女性学的殿堂，眼前展现的似乎只有两条道路：一条是通往学术殿堂的深造之路，沉浸在理论研究的海洋中；另一条则是投身社会实践，或是加入非政府组织，或是涉足与女性议题相关的项目，以行动书写女性的故事。那时，女性学对我们而言，如同晨雾中的花朵，轮廓模糊，意义深远。

随着时间的流逝，女性学这门学科如同一棵幼苗，经历了风雨，逐渐茁壮成长，枝繁叶茂。然而，即便如此，全国范围内能提供系统女性学教育的高校依旧寥若晨星，教材也显得稀缺。在这样的背景下，我们试图为同学们构筑一种新的价值观念，一种关于生活、关于世界的全新视角。我们相信，无论未来走向何方，这种观念的转变都将是我们宝贵的财富。

回想起那些年，我有幸遇到了一群背景深厚的老师，他们的言传身教让我深刻感受到了女性学的力量；他们的专业精神激励着我，让我意识到女性学不仅仅是一门学科，更是一种生活态度，一种推动世界向善的力量。因此，我总是鼓励同学们不要将女性学局限于课本之中，而应该让它成为塑造个人生活观、人生观的灯塔，指引我们走向更加美好的未来。

对于我个人而言，当年未能完整地攻读女性学专业，始终是一份遗憾。

我渴望深入了解那些支撑起这门学科的扎实的背景知识。如今，我只能寄望于后来者，希望他们能够珍惜眼前的学习机会，全面而系统地探索女性学的奥秘，从而在未来的道路上，无论是学术研究还是社会实践，都能够发挥出女性学的真正价值，让这个世界因我们的努力而变得更加温暖和谐。

访谈员后记

王海霞在选择中华女子学院的学前教育专业时，就受到了女性学的潜在影响。在工作中，女性学的学习使她更加关注性别平等和女性权益在幼儿教育领域的体现。她积极参与幼儿园的各项工作，从最初的教师助理逐渐成长为配班教师、主班教师，最终担任保教主任一职。在这个过程中，她不断学习和适应，努力提升自己的专业能力，学会了如何处理与家长的关系，设计出既有益于儿童成长又能被家长接受的活动。例如，她在参与中国学前教育研究会的课题申报时，凭借自己在毕业论文中展现的科研能力，被园长指派负责整理数据，从而发现了自己在科研方面的潜力。此后，她更加积极地参与科研项目，为幼儿园的发展贡献了自己的力量。

女性学的学习深刻影响了她的教育理念和实践。她认识到性别教育在孩子成长过程中的重要性，因此在教育孩子时，特别注重早期介入性别教育，努力打破性别刻板印象，培养孩子们的性别平等和相互尊重的观念。在幼儿园的活动安排上，她积极倡导开展与性别相关的开放讨论，鼓励孩子们提出疑问，让他们明白性别差异是自然界多样性的表现，而不是限制或区分彼此的界限。

受孙晓梅老师的启发，王海霞将历史感融入幼儿园的课程设计中。她参与开发的“生活化课程”，让孩子们在学习中体验中国农耕文化和传统文化的魅力，感受传统文化的韵味。在“美食月”活动中，她通过邀请家长参与，让孩子们在亲子共同制作食物的过程中，学习基本生活技能，体会劳动的快乐和创造的成就感。通过这些活动，教育真正地融入了生活，让孩子们在实践中学习，在体验中感悟，明白了学习不仅发生在书本上，更在生活中处处可见。

女性学的学习让王海霞对传统的性别角色分工有了深刻的反思。她意识到，如果继续遵循传统的生活方式，将家务劳动默认为女性的职责，会为女儿构建一个不平等的家庭模式。因此，她与丈夫沟通家务分配问题，鼓励丈夫参与家务和育儿，共同承担家庭责任。例如，她通过提醒丈夫注意洗衣等小事，强化家庭的团队协作精神，让丈夫感受到参与家庭生活的乐趣和意义。同时，她在女儿面前表扬爸爸的努力和贡献，为女儿树立了性别平等、共同承担责任的榜样。

在与孩子的相处中，王海霞充分运用女性学的知识，不避讳性别话题，用简单易懂的方式为孩子解释生理现象，让孩子坦然接受性别知识。她为孩子选择了富含启蒙意义的性教育书籍，让孩子视性别知识为自然，无须遮掩。她还注重培养孩子的性别平等观念，让孩子从小就明白性别平等的重要性。

女性学的学习让王海霞学会在快节奏的生活中保持内心的平静。她通过自我反思和阅读哲学书籍等方式，梳理思绪，提升生活质量。例如，她会定期为自己规划一段远离尘嚣的静谧时光，沉浸在书的世界里，或静静地坐着，深呼吸，让思绪放松。通过这样的方式，她能够更加清晰地听见内心的声音，对个人的目标、价值观乃至生命的意义有了更为透彻的理解和把握。在面对生活的挑战时，她能够更加从容不迫，自信满满。

通过学习女性学，王海霞接触了人类学、社会学、哲学等多个领域的知识，拓宽了自己的学术视野。她学会了以更加宏观和多元的角度审视世界，理解生活的多样性与复杂性。女性学不仅仅关乎性别平等，更是一种启发她思考如何在多元社会中构建更加公正、包容和理解的桥梁。

通过女性学的学习，她在成长道路上不断磨砺自己，使性格更加圆润。她更加注重自我认知和人格的升华，努力在复杂的社会关系网中塑造自己的身份。例如，在面对心理咨询之旅中揭示出的与父母之间的复杂情感纽带时，她学会了放下、理解和宽恕，积极参与家庭决策，改善了与父母之间的关系。

女性学教会她真诚是一种无价的品质。她在全国妇联的实习经历中，感受到了老师的宽容与智慧，学会了用真诚与人沟通。同时，她也学会了用感恩的心态看待生活，遵循园长“一抱怨就感恩”的教导，调整心态，积极面对生活。当遇到问题时，她不再抱怨，而是学会从自身找原因，努力改变自己，以积极的眼光看待一切。她相信，只有当自己改变时，周围的世界才会随之变得更加美好。

综上所述，女性学专业对王海霞的成长产生了深远而积极的影响，使她在工作、生活、学习和为人处世等方面都能够秉持性别平等、尊重和理解的原则，不断提升自己，为孩子树立榜样，为社会的和谐发展贡献自己的力量。

归来仍是少年

——2004级女性学专业辅修班毕业生范媛媛

访谈时间： 2024年3月28日11:30—13:10

访谈地点： 中华女子学院

受 访 者： 范媛媛

访 谈 员： 赵佳琳（妇女发展学院2023级社会工作专业妇女发展方向硕士生）

人物简介

范媛媛，农工党党员，籍贯山西。2007年本科毕业于中华女子学院，曾就读于人力资源管理专业、辅修女性学。毕业后于香港中文大学进行为期一年的深造学习。现工作于北京市朝阳区某街乡便民服务中心，育有一女。

一、母亲的“安全感”——女孩子读女院

我来到中华女子学院的经历并非我父母一时的决定，而是源自我家老人一辈的性别经历，甚至可以追溯至我姥姥那一代。为什么要从我姥姥说起呢？在我接受性别教育，尤其经历了这么多年的工作生活，我才开始反思这一切。我的母亲经常会与我分享一些她的往事，其中谈及最多的是关于我姥姥和她的辛酸与坚忍。姥姥出生于 1939 年，那正是抗日战争的烽火岁月，姥姥生活在大山里，日本人把姥姥的父母都杀了，只留下姥姥一个人，她奇迹般地幸存下来。尽管家中留有让她活下去的银圆，但在乱世之中，最终被无情的亲戚所侵吞。姥姥一夜之间从家境优渥的小姐变成了无依无靠的孤儿。

更为不幸的是，姥姥 15 岁就与姥爷结婚，婚姻并未给姥姥带来期待中的安宁。我姥爷游手好闲，不承担家务，也不下地务农。我的母亲于 1956 年降生，那是一个物质极度匮乏的时期，加之早产，她一出生就面临着生死的考验。由于性别偏见和生活条件的艰苦，初生的母亲甚至一度被姥姥遗弃在炕头。在奶奶和姑姑的养育下，依靠着粗糙却救命的小米糊，母亲顽强地成长起来。尽管如此，母亲仍然展现出了惊人的自学能力和求知欲，对母亲而言，这不仅是无奈的选择，更是对抗命运、追求自我提升的武器。作为家中长女，她牺牲了自己的受教育机会，用稚嫩的肩膀扛起了照顾弟妹的责任，她的小学教育因此几乎是一片空白，即便有幸读过一、二年级，也是断断续续、支离破碎的。然而，母亲用她的生命历程教会了我们何为坚强，何为不屈不挠的生存智慧。

我母亲为何会选择让我来中华女子学院呢？当时有人告诉我母亲，中华女子学院都是女生，非常安全。我母亲认为和男生接触少了，就比较安全。尽管我第一志愿是法律专业，但由于分数要求较高，被调剂到人力资源管理

专业，对于我来说，学习人力资源管理专业也是很有意思的。

随着时间的推移，我们迎来了女性学专业一个重要的转折点——辅修课程的开设，这对于我而言，仿佛是学术探索路上的一场及时雨。作为这一专业领域的首届学生，我对女性学的热爱之情是由衷的，它不仅是一门学科，更带给我心灵的觉醒。课程中，老师们不遗余力地传递着性别平等的理念，强调女性完全有能力在各个领域与男性并驾齐驱，尽管生理构造上的差异客观存在，但这绝非限制女性潜能的理由。正是这份深刻的认识，让我毫不犹豫地选择了女性学作为我的辅修专业，它如同一座灯塔，照亮了我追求知识与自我认同的道路。

回溯我的选择，母亲的身影始终是那股不可忽视的力量。她不仅以精神导师的角色激励我走进女院的大门，其默默奉献的牺牲精神也无声地塑造了我的价值观。

二、读书真的很重要

我母亲是在一个特殊的时代成长起来的，这塑造了她那独特的性格。她经历过一段充满挑战的生活，其中一件事是我家的车出了交通事故。父亲运送的货物被别人以交通事故为由拒绝付运费，而我母亲尽管文化水平有限，却义无反顾地去打官司，最终赢得了官司。这次经历让我母亲深刻认识到文化的重要性，因此她坚持我和我姐一定要好好读书。

我的学业起初还算顺利，但到了高中，我开始感受到学习的艰辛。为了让我明白生活的不易，我妈把我送到玻璃厂打暑期工，让我亲身体验辛苦。我在那里度过了一个月，尽管吃的是难以下咽的饭菜，工作条件也很艰苦，但我坚持了下来，收获了一些报酬。这段经历让我意识到学习的重要性，于是决心改变自己的生活。

我决心专注于学业，深思熟虑我的未来。于是，我踏入了中华女子学院人力资源管理专业的大门。彼时，我对学校的图书馆情有独钟，尽管它规模不大，只有两层。我成为那里的志愿者，亲手整理书籍，尤其偏爱沉浸在企业管理领域的书籍中，海尔的企业文化系列几乎被我翻阅殆尽。幸运的是，我们的许多管理学院教师毕业于中国人民大学，他们的学术水平颇为扎实。

回想起女性学系的老师们——陈方老师、张健老师、孙晓梅老师等的授课给我留下了深刻印象。韩贺南老师讲述的女性主义理论既深奥又引人入胜。相比之下，我在香港中文大学接触的更多是源自英美后殖民时期理论，而韩贺南老师的马克思主义视角显得尤为独特且富有挑战性，十分启发思维。孙晓梅老师分享的日本九州女子大学交流经历，以及她个人丰富的生活背景，让我对她的人生境界充满敬佩。陈方老师作为武汉大学的博士毕业生，在理论上有所建树；而张李玺老师，其学术生涯从北京大学哲学系起步，历经香港理工大学深造，她的经历让我意识到平衡工作与家庭的重要性，尤其是她关于孩子教育的看法，促使我思考如何在未来为自己的孩子规划更合适的成长路径。

张健老师对我影响至深，她的《生殖与健康》课程以及带领我们探访北京各NGO的经历，极大地拓宽了我的视野。工作后，我还邀请张老师进行女性学相关培训，并与她一同深入社区工作，观察和学习女性社会工作者的实践智慧。张健老师关于英语掌握能力的强调，不仅让我坚持自己学习，也陪伴孩子一起阅读英文绘本，这份影响深远且持续至今。

总的来说，无论是在女性学还是管理学领域，那些老师的教导和支持对我意义重大。

三、学习深造——与外人看到的“风光”不同

在我职业生涯的起点，我选择了在香港中文大学深造，专攻性别与研究。在香港中文大学的女性学课堂上，我们不仅聆听了本地教师的授课，也有来

自内地以及台湾地区的老师为我们传授知识。其中，有一位曾在美国深造多年后返回香港的老教授，她的心理学课程让我受益匪浅。这些老师对我们都颇为友善。

在校期间，我还见证了一位近六旬的女老师的幸福婚姻。她一生未婚，直到晚年才邂逅真爱。她非常喜欢带着我们实践走访，我们受邀至她宽敞的村屋家中，那里养着一只可爱的狗狗。我不禁想象，若她与爱人早些相遇，或许还能拥有自己的孩子，那将是多么温馨的画面。

毕业后，我并未考虑留在香港，因为语言障碍和经济压力成为我留下来的两大难题。虽然我学会了一些粤语，但要达到流利的水平仍然困难重重。而那些选择留下的内地同学，大多拥有一定的经济基础和出色的语言能力。

总之，香港中文大学的经历让我深刻体会到了文化差异和个人成长的复杂性。这段旅程充满了挑战，但也充满了启示，它教会了我如何在多元文化的交汇中找到自己的位置。

四、目前工作状态

经历了几次工作调整，在成功获得社会工作资格之后，我原本预期自己会投入到社区服务工作中，然而事情并未按照我预想的轨迹发展。自 2015 年起，我进入了政府部门，开始从事行政工作，这与我所学的社会工作专业并不完全对口。在这个岗位上，我的主要职责是记录会议内容、接听电话以及协调各种通知事项。尽管我的正式职位是社工，但实际上我所做的工作与行政管理更为接近，人力资源管理专业的老师手把手教的档案管理、秘书的工作方法都用上了。

由于工作性质的原因，我常常需要加班到深夜一两点才能完成当天的任务。这种高强度的工作节奏对我的家庭生活造成了很大的影响。尤其是当时我的孩子正处于幼儿园阶段，需要我花费大量的时间和精力去照顾。然而，由于工作繁忙，我往往无法抽出足够的时间陪伴孩子，这让我感到非常内疚和无奈。

面对这种情况，我决定改变自己的职业规划，开始参加公职人员招聘的考试，希望能够同工同酬。然而，有编制的考试的竞争非常激烈，我多次参加考试，笔试都不错，在面试阶段就出现了很多障碍。尽管如此，我并没有放弃，而是继续努力备考，争取下次考试能够取得好成绩。

最终，在经过多次尝试和努力之后，我终于找到现在这份相对稳定的工作。这份工作的薪资待遇不错，而且工作时间也比较规律，让我有更多的时间和精力去照顾孩子。然而，在新的工作环境中，我又面临着新的挑战和问题。

尽管如此，我并没有放弃努力改善自己的工作状况。我积极与同事沟通交流，尽量化解矛盾和误解；同时我也努力提升自己的工作能力和素质，争取在工作中取得更好的成绩和表现。总的来说，我在职业生涯中经历了许多挫折和困难，但我始终保持着积极向上的心态和坚定的信念。我相信只要不断努力和拼搏，就一定能够实现自己的职业目标和梦想。我一直坚信自尊、自信、自立、自强的“四自”精神，这也是我在工作中始终坚持的原则。同时，我也一直铭记女院的“崇德、至爱、博学、尚美”的校训。这些理念不仅是我们个人成长的动力，也是我们在工作中应该追求的目标。在单位里，我经常会遇到一些年轻的学妹，她们也像我一样认真负责。当她们遇到不公平的事情时，会向我倾诉。我会告诉她们，我也曾经经历过类似的困难和挑战，但我们不能放弃，要勇敢地面对并寻求解决之道。我相信，只要我们保持积极的心态和行动，不断学习和提升自己的能力，就一定能够克服各种生活磨难，实现个人和事业的发展。

五、坚持理想——公平正义

我的人生理想为什么是法律呢？因为我相信公平与正义。虽然我本来报考的是中国政法大学，但最终因差了 5 分与这所学校失之交臂。我深信法律是为了保障每个人的权利，我渴望能帮助那些需要帮助的人。

在社会工作的实践中，我们常常会发现，同情心和情境理解能力是至关重要的。每一个社区，每一位服务对象，他们的需求和处理方式都是独一无二的。回想起我在前单位的经历，我频繁地接触与女性相关的案例，特别是那些被称为“4050”群体的女性，即 40 岁以上的女性和 50 岁以上的男性。在这个群体中，那些嫁到北京的女性，虽然户口得以迁入，但在 45 岁之后面临一系列社会保障的问题。

对于有觉醒意识的女性而言，她们往往会提前为自己规划，确保通过个人或单位缴纳社会保险。然而，不少女性因长期从事家庭工作，没有参与正式的社会保险体系，这无疑让她们在保障方面处于不利地位。城镇职工保险相较于城乡养老保险，在福利上有着显著差异：前者只需连续缴纳 15 年即可享受养老金，且在北京，医保缴费满 20 年后，门诊超过 1800 元的部分可按照比例报销，住院报销额度高达 50 万元。相反，选择城乡养老保险的女性，不仅养老金额度受限，医疗报销也远不及城镇职工保险，门诊最多报销 5000 元，住院仅 20 万元封顶。一旦遭遇配偶不幸离世，这些女性往往会陷入更加艰难的境地，经济来源断绝，生活难以为继。

我们的教育背景让我们能够清晰地认识到这些问题的严重性，并努力为服务对象争取最大利益。但遗憾的是，很多人对此浑然不觉，甚至出于对安全感的追求，宁愿将资金交由配偶保管，也不愿意投资于自身的长远保障。

在工作中，对于符合政策条件的服务对象，我们定当全力以赴，为其争取权益。反之，若政策之外，我们也会探索其他可行方案，尽力而为。

六、关于孩子的教育观念

我的女儿刚满 11 岁，正处于一个对世界充满好奇且敏感的年纪。她偶尔会从阅读中发现一些描述社会现象的片段，诸如某些情境下强调男性角色或是男性优先的情况，这些内容虽然在学校环境中并未引起她的直接感受，却悄然触动了她对公平正义的初步感知。在她接触女性主义学习后，我采取了一项特别的举措——引入了北京师范大学刘文利教授编纂的性教育书籍。事实上，早在女儿降生之前，我就已经为她准备了一系列富含启蒙意义的绘本和读物。我深信，无论是性还是性别议题，都是个体成长过程中不可或缺的知识组成部分，每个人都应当对此有所了解与认识。

由于孩子的父亲在这些话题上显得较为保守，担心自己缺乏专业知识的引导可能对孩子产生误导，我便主动承担起了这份责任。我精心挑选了这些书籍，旨在鼓励女儿自主探索，让她在遇到不解时能够自由提问，而我则会耐心地为她解答疑惑。欣慰的是，女儿在这方面展现出了极高的接受度与理解力，那些涵盖家庭结构、生育知识等多元内容的性教育书籍不仅拓宽了她的视野，也帮助她建立了一套健康、开放的价值观念。书中所倡导的正面信息，加之我从小对她的引导——鼓励她参与体育活动，注重身心健康的培养——似乎都得益于我母亲在我成长过程中的积极影响与塑造。

因此，通过这些早期的教育努力，女儿不仅没有对性与性别议题感到困惑或羞涩，反而形成了自信而包容的态度。这种从家庭出发的性别平等教育，我相信，为她日后的成长之路奠定了坚实的基础，使她能够更加从容地面对生活中的各种挑战，成为一个既坚强又富有同情心的个体。

我坚信教育是一个长期的、渐进的过程，它要求的不仅是知识的积累，更是心智的磨砺与习惯的养成。正如中国文化所倡导的自律与不懈坚持，每天坚持做正确的事情，哪怕只是微小的进步，日积月累之下，必将见证质变的发生。教育孩子就如同栽培一株幼苗，需要时间、耐心，以及对每一次微小进步的珍视。正是这些看似不起眼的努力，如同涓涓细流汇成江海，最终带来了翻天覆地的变化。这段经历不仅塑造了孩子的体魄，更在她心中种下了不屈不挠、勇往直前的种子，让她明白，无论是在体育场上还是在人生的每一个舞台上，唯有坚持与努力，才能绽放出最耀眼的光芒。这种理念不仅指引着我对孩子学业的引导，更渗透到对她生活态度的培养之中，让她学会在生活的每个角落都秉持恒心与毅力，追求卓越，享受成长带来的每一次蜕变。

七、专业的未来——女性与志愿精神

目前我了解到的关于生殖健康领域的女性研究，张健老师是从健康视角出发；韩贺南老师则倾向于理论层面的探讨，特别是结合马克思主义理论来分析女性学；孙晓梅老师的研究，则似乎更多聚焦于妇女运动等实践性较强的女性学议题。随着时间推移，师资队伍不断更新，各专业的具体构成也随之变化，希望以后能丰富学科的专业结构。在众多研究方向中，我个人非常感兴趣的是志愿精神与女性的关系研究。我自己经常参与志愿者活动，也体会到了志愿精神对于心态调整的重要性，女性学系若能有志愿精神领域研究的课程，将对学生有深远的正面引导作用。尤其是在历史的长河中，女性的角色和贡献往往被忽视，通过深入研究，可以揭示女性智慧的独特价值和历史地位，这对于理解人类历史的全貌至关重要。

总之，在当前学术环境中，能够在特定范式下进行学习和研究固然重要，但拓宽视野，将性别与历史、性别与心理、性别与志愿精神等性别议题融入女性学研究，对于培养全面审视和解决女性问题的新一代学者至关重要。希望未来能见到更多此类课程和研究项目的出现，填补当前学术界的空白。

八、给学妹的建议

至于是否继续深造至硕士乃至博士学位，希望大家向韩贺南老师学习。韩贺南老师在年逾五十时仍毅然决定攻读博士学位，这给了我极大的鼓舞。

对于那些对学术研究充满热情的学妹，我建议一鼓作气完成博士学业，因为现今高等教育机构对于教职人员的学历要求日益提高。不过，如果你决心投身于女性学或其他特定领域，无论是在企业、事业单位还是政府机关，坚守初心、勇往直前是不可或缺的品质。

总之，无论选择哪条路径，都需基于对自己能力、兴趣及外部环境的清醒认识，勇于追求，同时做好适应变化、终身学习的准备。在职业发展的旅途中，坚持与变通同样重要，找到适合自己的平衡点，方能在各自的领域内发光发热。

访谈员后记

范媛媛对女性学的热爱使她在工作中密切关注与女性相关的议题。她在工作中始终秉持自尊、自信、自立、自强的“四自”精神，努力为服务对象争取权益，追求公平正义。

她意识到提升团队专业意识和服务质量的重要性，认为整个团队应该认真负责地为服务对象争取权益，真正践行社会工作专业精神。

通过学习女性学，范媛媛更加深入地理解了母亲的付出与不易。她学会了在自己的小家庭中传承坚韧与爱的精神，珍惜和延续女性之间相互支持与促进平等的精神。她意识到母亲在家庭中所承担的责任和压力，对母亲的敬佩之情油然而生，也更加注重母女间的理解与沟通。

在孩子的教育方面，范媛媛深受女性学的影响。她引入性教育书籍，鼓励孩子自主探索，培养孩子自信而包容的态度。她为孩子精心挑选体育活动，培养孩子的坚韧与策略。她坚信教育是一个长期的过程，注重培养孩子的心智和习惯，希望孩子能在成长中不断进步。

在中华女子学院学习期间，老师们传授的性别平等理念和丰富的授课内容对范媛媛产生了深远的影响。韩贺南老师的马克思主义视角、孙晓梅老师的个人经历以及其他老师的教导，都拓宽了她的学术视野，促使她思考如何为自己的孩子规划更合适的成长路径。

女性学让范媛媛坚信公平与正义，她渴望能够帮助那些需要帮助的人。她认为每个人都应该得到公平对待，无论是女性、弱势群体还是男性。

在社会工作实践中，范媛媛深刻认识到同情心和情境理解能力的重要性。她能够清晰地认识到女性在社会保障等方面所面临的问题的严重性，并努力为她们争取最大利益。她关注到“4050”群体中女性的社会保障问题，对于那些有觉醒意识、提前为自己规划社保的女性表示赞赏，同时对那些因长期从事家庭工作而未参与社保体系的女性感到惋惜。她希望能够为这些女性提供帮助，让她们能够享受到应有的保障。

综上所述，女性学专业对范媛媛的成长产生了多方面的积极影响，塑造了她的价值观、职业观和教育观念，使她在工作、生活和学习中都能够秉持公平正义、追求卓越的原则，同时也让她更加关注女性的权益和发展，努力为女性争取平等和公正的待遇。

脚踏实地才能行稳致远

——2006级女性学专业毕业生魏莺

访谈时间：2024年3月21日14:00—15:38

访谈地点：北京市海淀区天府数字科技北京创新中心

受 访 者：魏　莺

访 谈 员/整 理 员：梁雨祺（中国农业大学人文与发展学院社会学专业2022级硕士研究生）

人物简介

魏莹，中共党员，1986年生，安徽宿州人，已婚，育有一女。2006级女性学本科生，于2010年本科毕业。2010年7月考取北京市顺义区“村官”，任顺义区某村书记助理，2013年7月考上北京公务员，现任职北京市昌平区农村合作经济经营管理站三级主任科员，负责政工、统战工作。

一、来京上学：收获颇丰的大学时光

我2006年入学女院，是女性学专业招收的第一届本科生。高考结束报志愿的时候，中华女子学院是我的第一志愿。当时对女性学专业也不是很了解，但想没准儿一个新的事物就可以打开一片新的天地，于是我就报考了中华女子学院女性学专业，并且被录取。

因为我们是第一届本科生，当时的专业设置还不是很全面，韩贺南、孙晓梅等这些女性学专业的老师一边摸索着，一边问我们有什么需求，甚至基于学生们的需求开设了一门讲公务员序列的课程。大一、大二时，我们的课业压力也比其他专业的同学更重，因为老师特别强调让我们读原著，专业书籍不多，老师就拿着她自己的原著给我们复印。当时女性学系的老师也很少，就三四个，于老师是我们后来自己选的老师。那时候于老师博士毕业在找工作，我们觉得需要一个社会学的老师。当时有三位老师一起来面试，面试其中一个环节就是给我们上一节课，然后我们30个人投票把于老师留下了。

大学四年，特别是女性学专业给我的整个生命历程带来了许多良性的影响，这主要体现在这个学科带给我正确的思想和认知，当我在面对一些社会事物和自己一些心理问题的时候，可能会比其他没有接触过这个专业的人更积极一些。但有一个遗憾是，我当时毕业的时候自己把就业的路想窄了，当时想着别人对女性学专业认知较少，去面试的时候别人可能会不太了解，这也影响了我的就业选择。

二、初就业：吃苦耐劳的大学生“村官”

毕业的时候，在我们之前好几年就开始了大学生“村官”的试点，北京各个区的“村官”都有报名的机会。我后来考上的一个是安徽省的公务员，一个是北京市的“村官”，最后我还是选择了留在北京当大学生“村官”。最开始招大学生“村官”是不限专业和学历的，女性学专业也可以考，我就报名然后通过考试被顺义“村官”办录取。

当“村官”条件很艰苦，第一年的时候工资才1500元，到手其实也就1000元左右。村里的条件也很差，北京的农村并没有我们想象得那么好。当时的政策是干满三年办理北京户口，我就一直在村子里面吃住，三年之后参加京考又考取了昌平区的公务员。

三、续发展：脚踏实地的公务员之路

（一）任职经历

我是2013年7月进的这个单位，2013—2018年这五年在办公室工作，主要负责人事、老干部、保密、劳资这一块儿工作。刚工作的时候什么也不懂，在询问和请教别人的过程中学到了很多东西，对业务也逐渐熟悉。当时也犯了一些错，感觉自己有一些冒失（也不失为一种勇敢）。办公室工作完全没有自己的时间，工作特别重，基本上上班时间是在处理即时公务，其他时间还要继续处理常规的、既定的工作。加上我的身体也出现了一点儿问题，我就和领导说我必须调岗，后来领导给我调了一个业务科室。

我去了一个相对专业一点儿的科室，叫农民专业合作社指导科，2018—2020年我在这个科室工作。我们单位下面各镇街有几十个农民专业合作社（示范社），上级会对这些合作社进行扶持。我们就负责给农民专业合作社提供专业的指导，比如规章制度的梳理，财务方面的指导，国家的扶持资金（使用）等。合作社申请项目（资金），一般是我们指导合作社申请项目，这个项目的管理，还有后期的资金拨付都由我科负责。因为要面对的是小企业集体，还有农民专业合作社，所以我从事的工作和一般意义上的公务员面对的群体也不太一样。

后来，我调去了农村财务指导科。财务指导科就是针对各个镇的会计所的会计进行指导，昌平区会把每个村集体的章和账都收到镇里面，就是“村章镇管、村账镇管、村地镇管”中的一部分，然后所有的东西包括记账都在镇级会计服务所，这一部分会计就归我们指导，归我们管理（培训）。其实，来这个部门的时候，我也不太懂会计的工作，于是就自己报班自学，也考了中级证，之后再去指导基层。

后来机构改革，我调到了政工科。现在政工科主要负责党建工作、党风廉政建设和纪检监察工作。目前，我们政工科一共两个人，除了党建之外，还有工会、妇联、组织宣传、精神文明等工作，外加给单位组织各种活动。

（二）自我评价

我觉得自己在工作中的优势是群众基础比较好，勤学好问，工作踏实。我的不足就是不够果断，导致职业生涯中错失了一些好机会。

工作中比较有成就感的瞬间是之前在合作社指导科，每年全区50多家合作社（示范社）都会有自己需要的项目，比如种樱桃的农民会需要一些防护网，等等。从农民专业合作社向我们申请项目，到立项之后使用上级部门下拨的专项资金，到这个项目完工，到后来评估验收，这一套做下来可能成就感会比较强一些。因为每一年，昌平的专项资金大概有1000万元。如果项目申请成功，小的合作社也能得到几十万元，大的合作社可以得到几百万元的资金扶持。对于由农户组成的合作社来讲，这些资金还是挺重要的。

（三）工作和家庭的平衡

我老公博士读的冶金工程，博士毕业之后在昌平一家公司工作。我俩认识的过程也很有趣，是区人保局的领导做的媒。他们公司组织了一场联谊活动。领导开玩笑说是人才引进给他们落户了，不一定能留住人才，只有让他们家落在这儿才是真正留住了他们。我俩就是在联谊活动中认识的。

我在婚姻中一直是一个很独立的人。婚后我老公调到新奥集团（在河北廊坊）上班，仍然从事科研工作，经常需要做实验，白班夜班倒，不能经常回家。顺利的话，可能半个月、一个月会回来一次。在我怀孕期间，家里只有我一人，几乎全程都是我自己照顾自己。生孩子的时候也是如此。孩子刚出生时我母亲和婆婆帮忙带，后来等孩子 1 岁多了，我实在累到不行了，才要求我老公回北京上班。他就回来考入了他们学校（北科大）一个期刊中心，减轻了我一些生活和育儿压力。

回龙观 2019 年“一拆三”，即把回龙观街道拆成了三条街道，当时是组织部调了一批干部去那儿协助拆分。因为要拆分成三个镇街，会空出来好多岗位，我后来分到了新回龙观街道的城建科，和领导都见过面了，却发现自己怀孕了。当时我已经 34 岁了，之前一直没太想要孩子，但 34 岁这个岁数也必须要孩子了，在那个关节点上，如果要这个孩子的话，就会特别累，我没法在孕产期这一年做城建工作，而且我老公当时还在河北工作，所以我主动放弃了这个机会，申请回到自己本单位了。

我下一步的职业规划是把重心从家庭转移到工作上，我现在还不到 40 岁。我要努力工作，争取更好地成长自己，服务于单位。

有那么两三年，我认为自己年龄已经不小了，不想再拼了。但是后来我的思想又有了变化，我又开始积极生活，努力工作，我现在想只要有一丝希望，我都不应该让自己“躺平”，职责所在、能力所在就该孜孜不倦、奋斗不止。我要脚踏实地地去做自己的工作，现在来到这个科室，我就跟大办公室领导说，就当我是新人一样，而且不用顾及照顾孩子的时间，近期我婆婆会过来接送孩子。我首先在工作态度和工作时间上向领导保证了，然后尽力而为。实际情况是作为一名女性、一位母亲，你要照顾家庭和孩子，就不能百分百地把精力都放在工作上，今后我要努力平衡工作和家庭的关系，做到工作、家庭两不误。

四、再回首：影响深远的女性学专业

现在想想，虽然所学的女性学专业词汇都模糊了，可是当初在学习过程中学到的、养成的思维方式却一直存在，它细碎地藏在生活每个角落，不经意间会流露出来。可能某一天，在别人习以为常的事件中，自己会敏锐地察觉到其中的不对劲儿，这种感觉像藏起来的钻石硌了自己一下又一下。而这种不对劲儿的感觉，可能在未来的某一天，还会爆发出巨大的能量。

性别意识的觉醒，对我的生活影响相对大一些，特别是择偶和对子女的培养等理念都较学习女性学专业前发生了重大变化。比如在处朋友的过程中，另一半是否有平权意识就成了我衡量的标准之一，不会刻意去要求对方做什么，但是他的言行会让我在心里默默地加分或者扣分。在育儿的过程中，我对儿子各方面都比较宽容，尊重他的自然成长，接受他就是他自己，不会苛求他有很强的男子气概，允许他撒娇、哭或者敏感。这使我和儿子形成了很好的关系，也让他在成长过程中没有受到很多基于性别的束缚，获得了快乐的童年。

学习女性学的专业知识对工作也有很多益处。我通过学习社会学、管理学、统计学等多学科和跨学科知识，获得广泛的知识基础，养成综合性的分析能力和解决问题的能力。这种跨学科的学习体验对工作能力也很有助益，可以让我更灵活、变通地适应各种工作状况。

五、终总结：不务空名的人生之路

回望曾经走过的路就会发现，“脚踏实地”四个字虽然朴实无华，却字字珠玑、意蕴深远。我自认为是一个很普通的人，于光君老师联系我的时候，我很吃惊，因为我读书的时候，在全班30个人里面是比较“透明”的存在，老师们对我的印象不深。那时候我很少参加活动，比较喜欢独处，在课堂讨论中也不是很积极，但是我会一个人将知识内化，真正做到接受和理解它，所以我的专业知识比较扎实，并且成功在大学期间发表了一篇论文。进入职场后，我没有惧怕农村艰苦的环境，积极投身社会主义新农村建设，踏实地过好每一天，做好每一项任务，努力成为密切联系群众、带领农民致富、促进农村稳定的农村基层干部。之后在公务员的工作中，我始终怀揣一颗平常心，不以一时之得而骄傲自满，不以一时之失而彷徨懈怠，脚踏实地在平凡岗位默默奋斗。所以，我想和学妹们说，无论在学习还是工作中，都要踏踏实实走好每一步，脚踏实地、埋头苦干，不骄不躁，久而久之，你终将看到别人难以看到的旖旎风景，登上别人难以抵达的高峰。

我对女性学专业的期望是，希望学校、社会各界给予女性学专业更多的重视，让女性学专业的学生有更多的就业机会和更广阔的就业市场。我们临毕业的时候，特别希望女性学专业能进入更多的职业领域，比如在公务员考试中几乎没有女性学专业可以报考的岗位，这样女性学专业的学生就很难进入这个领域。通过四年女性学专业的学习，我们有了社会学、管理学、性别研究等许多学科的知识储备，但可能是大众对女性学的认识不多，没有关注到我们和我们的就业诉求。希望妇联、学校能加大对女性学专业的宣传，让社会各界看到有这个专业，有这么一批人，这样我们找工作的时候就能有更多的机会。

结合我之前在职场上的经历，我对学妹们的建议是进入职场后要练好文笔，特别是文科生，无论从事什么职业，能写一手好文章，会让你的职业发展之路更顺畅。在生活上，我觉得恋爱和生育都不要太晚。就身体上来讲，早一些生育对自己的身体更好，以我自己的经历，我觉得自己生孩子年龄大了，身体恢复、带孩子的精力好像都没有年轻人强，我就觉得从生育到养育孩子都很累。进入职场后，女性不可避免会因为家庭、孩子而影响自己的工作，希望不要过分担忧，我们可以运用此前学到的女性学专业知识和已有的性别意识努力权衡家庭和事业的关系，形成良好的婚姻关系，相信大家都可以做到!

总之，脚踏实地苦干，才会梦想成真。成功始于梦想、基于创新、成于实干，祝愿大家拥有美好的未来。

访谈员后记

我对魏莹学姐的第一印象是优雅，举手投足之间能感受到她的温柔与从容，给人一种很亲切的感觉。在和学姐的对话中，她的表达很流畅，可以很好地理解我的问题，给予我清晰的答复。我认为这与她在学生时代、进入职场后一直坚持认真学习的态度有密切联系。在大学时期，魏莹学姐认真学习女性学相关知识，让她对自身、对女性有了更清晰的自我认知，能够更深入地了解自己的性别角色和性别身份，认识到性别如何影响个人的行为和决策，同时增强自我价值感，理解女性在社会、文化和历史中的地位和贡献。

走出校园后，学姐将专业知识运用在工作中。首先，女性学专业提升了她对性别问题的认识和理解，能够清晰地认识到职场中存在的性别不平等现象，并设法积极应对；同时在工作中更加敏感和尊重不同性别的需求和期望，这种敏感性有助于构建一个更加包容和平等的工作环境。其次，女性学教育能够增强她在职场中的领导力和决策能力。通过学习女性在历史和社会中的地位，个人能够更好地理解权力结构和性别动态，从而在工作中做出更公正和有效的决策。此外，女性学专业的知识和技能也有助于学姐在职业规划和职业发展中做出更明智的选择，她以不怕困难、不放弃的精神面对漫漫求职路，通过一次次的努力提升，最终如愿实现目标。

在家庭生活中，学姐不断反思和重新定义家庭中的性别角色，尝试促进家庭内的性别平等。在亲子教育方面，能够尊重儿子的个性化发展，不会对他有严格的男性气质要求，和孩子形成了良好的母子关系。在与他人的交往中，无论是和同事、朋友、丈夫还是儿子，都能够站在他人角度理解问题，更好地理解和尊重不同性别的人，增强对他人经历的理解和同情，形成更和谐的人际关系。所以，我在魏莹学姐身上看到，女性学专业不仅为个人提供了深刻的性别平等视角，也为个人在职场、婚姻家庭、社交中的成功提供了重要的支持和工具。祝愿学姐一切顺利，也祝愿女性学越来越好！

从社工到公务员

——2007级女性学专业毕业生蹇慕华

访谈时间：2024年3月28日18:30—21:20

访谈地点：北京市合生汇Wood意大利花园餐厅

受 访 者：蹇慕华

访 谈 员：谷天南（社会工作专业妇女发展方向2023级硕士生）

人物简介

蹇慕华，中共党员，1987年生于山东临沂，已婚未育。本科就读于中华女子学院女性学专业，2007年9月入学，2011年6月毕业。曾任天坛街道社区工作者、东里南社区居委会副主任、金鱼池中区社区居委会副主任，主要负责社区居民的文体活动。现就职于北京市朝阳区小红门乡人民政府，先后在民政科、综合办、社区办工作，目前主要从事社区建设相关工作。

一、结缘女院与女性学

我是复读一年才考入中华女子学院的。家长对于第一年的高考成绩不是很满意，所以我就选择了复读。家里对我最早的期待是考山东警察学院。因为我的父亲是一名警察，所以我从小也算是在警察大院里长起来的，大院的传统就是孩子们将来要去考警校，读完以后接着当警察。警校属于提前批招考，必须提前体检，眼睛近视是不合格的，所以在体检环节没有通过。最后能来到北京读书，家里人也觉得还不错。

刚来中华女子学院的时候，有一件事情让我印象十分深刻。我记得当时的校长是张李玺，在开学典礼的新生动员会上特别隆重地强调女性学是这所学校的特色专业，而我们这一级女性学专业的学生是全国第二届本科生。当时我听得热血沸腾，觉得很骄傲、很自豪，莫名地有种荣誉感。张李玺校长是一个非常知性、特别有魅力的女人，她当时就特别温柔地说了一句话："女性要有自己的力量，温柔可以打败世界。"我到现在都记得。当时我并不太理解这句话，尤其是大学前两年，由于女性学知识的学习，我的思想状态是比较激进的，突然间接触女性学中女权的力量，再加上那时候年纪也小，我觉得女性完全就是在母系社会可以把男性打败的那种角色。直到毕业这么多年，才逐渐体会到了张李玺校长那句话，温柔可以打败世界，这真的是女性身上与生俱来的一种力量。

其次，印象很深刻的是当时的于光君老师，记得当时于老师应该是刚刚入职中华女子学院就担任了我们的授课老师。恰巧他也是山东人，我的老乡，那一刻也很开心。更关键的是，当时他是女性学系里唯一一位男性老师，我十分震惊，这个专业竟然还有男老师。在我看来，他很儒雅，是一位很朴实、本分的老师。都说教书育人，他以自己的表率，以自己的德行，言传身教。

于老师上课经常推荐费孝通的《乡土中国》，我那时候年纪小，真的不理解为什么老师经常推荐这本书。不过当时也就当一部小说大概浏览了一下，也没有过多的体会和感悟。工作之后，也参加过一些培训，培训老师也会推荐费孝通的《乡土中国》，现在仔细想想，书中提及的一些观点真的很对。

我印象深刻的还有曾经的人大代表孙晓梅老师。在课堂上，她会分享她曾做过以及正在做的一系列课题。其中有一个改变公共空间里女性卫生间的课题。当时各大商场和公园里，男性的卫生间要比女性的卫生间多，女性永远要排队，且女性卫生间的空间也很狭小。后来，这种情况得到改善。

我一直觉得母校挺好，而且我这个专业特别好。首先，整个四年的授课老师全都是副教授以上级别的。其次，大一的高数课，当时系主任为了突出女性学的特性，专门从清华大学请了一个博士生来单独授课。再次，我在这所学校的时候，学到了许多专业知识，但对于我来说最关键的一点是带来了女性视角，把我培养成了一个性别敏感的人。中华女子学院是一所男女平等的学校，大家都有女性权利意识。我的性别视角会对我的人生有很多影响，包括择偶、婚姻、为人处世、看问题的角度以及整个人的格局等都不一样。我会跳出来不把自己归结于别人定义的“女性”模样，我的视角变得很大、很宽。

二、我和我的先生

我和我的先生是高中同学，2015 年领证结婚。高中读书的时候，他在我们学校的成绩名列前茅，数学回回都能考满分。他就读的是山东一所本科院校。大学毕业后，他留在了济南的中石化工作。由于我毕业之后留在了北京，因此他就辞去了济南的工作，来北京重新开始找工作。在北京我们都是从零做起。他是个非常传统的山东男人，他会通过自己的努力，让我生活得很幸福。

我婆婆不像传统的婆婆，不会催我生孩子，她的观点是：只要两个人过得好，比什么都强，小孩只是锦上添花。我大姑姐人也很好，我们相处很融洽。我36岁了，过年依然可以收到来自她们的红包，过生日也会收到来自她们的红包跟礼物，隔三岔五她们还给我寄吃寄喝。其实，我和我先生啥也不缺，但家人就会寄，愿意拿我当孩子看。前段时间我感冒，大姑姐就问我："你怎么样？"我说："没事，压力有点儿大。"可能她当时理解错了，我觉得压力有点儿大是因为最近感冒，不知道是不是身体有什么问题，胡思乱想，有点儿害怕。但我大姑姐和我说："慢慢来，不着急。"真的特别宽心。她给我发微信，说任何事情都有两面性，现在一定是最好的安排，一定要相信自己。我当时特别感动。

我和我先生目前无子女，但我在公公婆婆家依然保持着非常高的地位，全家人拿我当孩子疼。我非常感谢我的先生，感谢我的婆婆，是他们给了我特别多的自由。

无论我工作做得多么出色，多么有成就感，无论挣了多少钱，都比不上我身边的那个人支持我、理解我更重要。这个理解不是简单的我说一句话，他立马就能接出下半句，而是在我烦恼的时候，在我郁郁寡欢的时候，他能迅速找到我的突破点，能把我的消极情绪化解掉。

三、毕业开启社工之路

在毕业找工作方面我没有花费太多的精力，我总共考了三次试，一个顺义的"村官"，一个东城区的社工，我还回山东考了一个公务员。

（一）报考期间的压力

关于社工考试，那年报考条件相对来说比较宽松，只要是北京生源，无论是往届生还是应届生，全都可以报考，所以人数激增，压力也非常大。最终面试成绩还不错，我以综合成绩第一进入天坛街道。

（二）成功晋升社区居委会副主任

我在2011年7月4日进入天坛街道，2011年11月时，我就直接晋升为社区居委会副主任，主要负责社区居民的文体活动。记得当时每年的8月8日全民健身日是个非常重要的日子，我会带着叔叔阿姨们去比赛。刚开始工作的时候也年轻，初生牛犊不怕虎，要求高，就单纯觉得叔叔阿姨们跳得不齐，还能跳得更好。他们都是退休老员工，还要回家做饭，也得保证在家里的人吃喝洗涮之后，才能抽时间来练习。我每天5点下班，下班之后就在路边小摊上随便买点儿或者弄点儿泡面应付一下，糊弄过去晚餐，就在单位等着。等他们聚齐，大家就在公园练习一段时间，我要保证10点之前结束，让他们回家休息。在天坛街道任职期间，我几乎每年都是这么过来的。当然上级领导也给了我非常多的信任和支持。每次街道有物资分发，领导们都会把我服务群体的利益优先考虑在内。每当比赛得了奖，都会分给叔叔阿姨们。叔叔阿姨们开心，也会积极来参加活动，这是一个良性循环的过程。

我对我的工作投入了全部的热情，尽量做到让居民满意。我所理解的基层力量就包括居民的力量。做基层工作就是要充分发挥居民力量。无论是两会的值守，还是平安建设、创城等，全都依赖于居民，得让他们喜欢我、认可我，进而配合我，我才能更好地开展下一步工作。

（三）肩负重任

在东里南社区工作了三年后，由于文体工作上的优异表现，我被上级领导调到一个有市级招牌的社区——金鱼池社区。老舍先生曾描写过的龙须沟，就位于金鱼池社区。我们还排练过一个话剧，剧本都是居民自发组织的，话剧的指导由一位德高望重的老前辈来担任。我调到金鱼池社区的重点任务就是维系队伍秩序，及时与老前辈沟通。我印象中的她有八十多岁，孩子也常年不在身边，是个性格很孤僻的老太太，不是很好打交道。我依稀记得我们排练室阶梯是往下走的，我看她年纪大，害怕路面不好走，我就扶着她的胳膊。老前辈表现得很不舒服，当时脸色就变了。我立马对老前辈说："请问一下，我怎么扶您您舒服？我配合您。""你得把手伸出来，我这么架着就舒服。"后来，我发现前辈特别爱喝无糖的苏打水，所以每次来排练我都会为她特意准备一瓶，时间久了，我和前辈相处起来也就十分融洽。

突然有一天，话剧中原定的小妞子演员由于个人原因无法出演，老前辈就想让我出演小妞子。我拒绝了。我说以我的身高、形象、状态，可能演不出小妞子那骨瘦如柴的感觉。后来我仔细想想，领导对我委以重任，我不能把街道的招牌文化给弄丢了，于是硬着头皮就参加了。当我拿着街道的一个招牌文化，而且前辈们已经把它做得很好的时候，我想的就是我不能做得比别人差，这也是我第一次感受到了工作给我带来的压力。

四、成为公务员

（一）机会留给有准备的人

社区工作第三年的时候，我有了北京户口，在周围人的建议下，我开始尝试报考事业编和公务员。我很纠结，害怕考不上。我的先生告诉我："只要坚持考，就一定会考上的。"我笑了笑说："我要是不看书呢？"他说："没问题，也能考得上，只要你坚持不懈，每一次考试都是一次学习的机会。"当时他说得很自然，我听的时候也就真信了。我依稀记得前两次报名，我报的都是事业编考试，第三次报名才是公务员考试，顺利考上了。我觉得公务员笔试考的是一个人的取舍能力，题量很多，很难做完，因此就需要在短时期内考验自己的判断能力、抽丝剥茧的能力。这点在我步入社会、走进工作的时候感悟极深，工作永远是千头万绪的，我们要学会抓重点。

我记得特别清楚，从接到面试通知到真正面试，一共只有 12 天时间。于是在此期间，我认真地研究网上老师的课件，细心总结出公务员考试面试题型、答题思路。我每天最关键的一步是练，先是我自己说，然后对着镜子说，最后对着熟悉的人说。当时制作了一个面试训练表，排了一个10天的工期，我的先生扮演我的面试官。每天晚上我至少会花费一两个小时来模拟两次面试。其实正常答题15分钟左右，结束之后还会复盘，总结出哪个环节答得不好，还可以答得更好。前三天的状态非常差，甚至自己都觉得没有希望了。但我先生就觉得我比第一天有进步："第一天题目都没答完，第三天你至少能把题目答完。"很奇怪，到第四天的时候，突飞猛进。第十天的状态完全是一个新的突破，我可以根据题目，调整自己的语言，能够来回切换自如，整个人表现得也很自然。

（二）在民政科工作

2016年，我如愿考上公务员。我当时刚入职的时候是在北京市朝阳区小红门乡人民政府民政科工作，主要就是负责配合领导和同事们做村转居的工作。我的任务是整理档案资料，要确保这些人顺利地从农民转成居民，其中任何一个环节都不能出现问题。那段时间我的工作压力也特别大，因为我们当时时间有限，从接到通知到年底也就不到两个月的时间。那时候我跟另一个小姑娘天天加班到晚上10点多。我们老科长是个特别平易近人的人，也陪着我俩加班到10点多。

（三）在综合办工作

在民政科工作了两年，被调整到综合办。但是我自认为以我的性格不适合办公室的工作。办公室工作需要领悟能力极强，更需要解决问题能力极高的人，这些都不是我当时所具备的特质。我是一个大大咧咧的、非常务实的人，突然间让我去写稿，让我学习怎么去和领导沟通交流等，这些事对我来说有点儿难度。所以当时我是比较抗拒的。但通过领导与我谈话，我觉得应该锻炼自己，全面发展自己的能力，所以就来到了综合办工作。综合办的工作需要特别细心、谨慎。我面对的不单单是一个领导，而是整个领导班子。

每个人都不一样，都有自己的性格特点。

三年办公室工作经历也确实提高了我的思想政治高度，锻炼了我与领导沟通交流的能力。以前的我害怕跟领导多说话，但现在的我可以很自然地跟他们面对面沟通交流。

（四）辞职的冲动

回想起新冠疫情那三年，个人的工作压力是极大的。一方面，我的压力来源于工作中我不具备相应的能力，另一方面，我的压力来源于上下左右全方位的衔接。不是周围所有的人都一定会配合我的工作，因此，我需要想办法让别人来配合我，这就需要花费大量的时间和精力。工作中所有的事情都要求“短平快”，工作起来有一定的难度，这也给我带来了一定的困扰。规定15分钟内完成的任务，得准时完成，每分钟该做什么都有规定。曾经最夸张的一次是三天只睡了五小时。我不是睡不着，而是一直有忙不完的工作。熬夜通宵写报告、对表，我们作为综合办公室，管理范围相当之大，包括所有人的订餐，同时还要汇总并上报当天全地区所有的情况，领导发现了问题，就需要迅速地整改，我需要保证每一次领导开会的讲话稿准时出现，要保证每一次市区领导派下来的问题，在一小时内进行回复，这一小时我要不停地去搜集情况，在搜集情况的过程中，可能因存在信息差，会出现各种问题等。这些工作压力积压到一起，导致我的精神状态十分不佳，几乎接近崩溃。那段时间觉得自己特别不快乐，于是我萌生了辞职的想法，想回山东老家发展。

当时说我想辞职的时候，先生并没有拦我，跟我说：“如果这样的工作状态真的让你不开心，就辞职，没关系，无论如何，老公都能养你。”我说：“我不用你养，学了四年女性学，别的什么大道理可能不知道，但这专业教给我的，我还是牢记于心，女性要经济独立，我在家天天等你下班多没意思。”可能我想辞职只是情绪化之后的冲动想法，当我的先生给了我这个缓冲，让我有了底气以后，我就觉得，其实我还可以再撑一撑。在接下来的日子里，不断重新调整自己的工作状态，生活和工作也就慢慢地回到了正轨，也没有觉得目前的工作使我很不快乐。

（五）在社区办工作

目前这份工作是有难度的，但对于我个人来说还是比较喜欢，因为它很务实，会让我有一种踏实感。像我现在做的工作，无论是社工的招录还是社区的拆分，包括我目前在做的修防水项目。2023年，北京暴雨天气，导致好多房屋出现漏水现象。我可以做的就是争取财政资金去给居民修防水，保证他们今后楼顶不再漏雨。这些都是在真真切切地为老百姓服务。

工作以后，一边摸爬滚打一边学习。女性学系毕业的我，工作之后还要学习工程造价，关于不懂的知识，全都是靠自己慢慢学习，学习的过程很痛苦。幸运的是，我有一个同龄的同事，也是山东人，她比我早来到小红门乡人民政府，一直负责工程项目。初期，她会简单地带一下我，告诉我每一步应该怎么做，大概地告诉我一个方向，但其实后来只有我亲自干了，才知道这些具象化的问题都需要我亲自去实践才能知道怎么处理，因为工程类的相关工作太复杂了。

其实，我打心底里感到自豪且开心，因为我是真的可以为老百姓干实事。但是基层工作真的很累，非常锻炼人。不是所有有冲劲、有干劲、有想法的人都能坚持到最后，整个过程非常磨炼人的热情和耐心。基层事务的解决需要全能型人才，他们要有解决问题的能力，有文案笔头的能力，有与人沟通的能力等，当然现阶段解决问题的能力肯定是要放在第一位的。走入基层就需要跟老百姓打交道，有时候可能觉得自己在做一件好事，但当这件好事面临很多受众群体的时候，可能就会有不同的声音出现，当这些不同的声音很难消除的时候，可能也就是热情被磨灭的时候。所以，做好基层工作一定要有热情和耐心。

五、未来的憧憬

（一）对未来职业发展的憧憬

我觉得任何行业都可以有职业规划，唯独公务员很难。体制内的晋升需要工作能力、政治觉悟、思想高度，以及晋升职数等多方面因素的综合考虑，所以进入体制内，要保持一个正确的职业观念，就是“人民公仆”，秉持平常心，踏踏实实为老百姓干实事，不辜负这份职业的光环。所以，我就做好自己的工作，努力提升自己，问心无愧就好。凡事要看到它积极的一面，想太多反而徒增烦恼，没有任何意义。

（二）对女性学专业的憧憬

我刚毕业就一直经历着三连问——姓什么？哪所学校毕业？学什么专业？解释一番之后，别人还是会对我的言语表示困惑，很难相信竟然还有学校有女性学这个专业。当我要和别人解释女性学是什么、学什么的时候，尤其是我提及性别视角、女权主义等相关概念时，他们给出的反馈，会让我觉得很无力。直到现在，身边依然有人不知道我本科所学的专业是什么。女性学这个专业领域目前可能还没有那么强大，专业受众度小，导致这么多年女性学专业毕业的学生，社会认可度不高，相应地所拥有的社会职位也就非常少。到目前为止，找工作参加公务员、事业编等考试，都只能报专业不限的岗位。

我当年报考公务员就遇到过一个类似的问题。我第一次报考，就因为专业原因直接报名审批不通过。我打电话咨询，才了解到他们没有在教育部提供的专业目录中找到女性学专业。但是，我知道学位授予有九大类，大表后会专门有一页写着特殊专业里会重新定义九大门类，在这九大门类的法学里能找到社会学类，之后就会有女性学专业。我直到最后一天重新申报才被通过。那个时候既无力又无助。我对女性学抱有非常大的期待，希望有一批伟大的老师、优秀的学妹能继续发扬光大这个专业，能让更多的人了解这个专业。

（三）毕业后的所思所想

这些年来，我觉得女性一直在觉醒，无论是短视频中呈现出来的还是现实生活中展现出来的，女性在崛起，变得越来越强大。这或许是我们专业的力量，或者说是我们老师的力量，又或者说是整个学校的力量。我的先生说："也有可能是由于中国女性拥有了更强的独立能力。"我想了想，确实也有道理，但无论是什么原因，能让大家有这样的意识，这就是在往好的方向发展。随着时代的进步，社会的开放程度、文明程度越来越高，男性对女性的尊重程度也越来越高，包括现在出门看到男同志在带孩子，这要是回到过去，得有多难啊，会觉得这男的没出息、没本事。但处在新时代的背景下，男性会把疼老婆作为第一标准，不觉得疼媳妇、带孩子、洗衣、做饭丢人。

我希望在读的学妹，包括社会人士，能挑起大梁，继续扎根在这片领域，把女性学专业发扬光大，让更多的人了解女性、尊重女性，营造一种女性友好的社会氛围，进而使女性受益，最终带动全人类发展。女性学专业的熠熠生辉，这不仅是我的荣誉，也是每个女性学学生的荣誉，更是整个女院乃至全社会的荣誉。

总的来说，对于我自己这段学习经历我很满意，因为女院给予我的性别视角，改变了我看问题的角度，提升了我看问题的格局。这么多年对我各方面的影响都是积极的。我不会被别人定义，我可以挣钱，也可以养活自己。女性有自己的特殊时期和特殊使命，孕期、产期、哺乳期和更年期，这些都需要被特殊照顾，这是女性应有的权利。

六、经验的分享

（一）勤能补拙

面试不仅是一场关于知识或技能的较量，更是一场心理素质和表达能力的较量。因此，我们必须通过不断的练习，提升自己的表达能力，确保在面试中能够自如地展现自己。

在准备面试的过程中，勤加练习是至关重要的一环。首先，我们可以从对着自己说话开始，模拟面试的场景，思考可能会被问到的问题，并尝试用清晰、有条理的语言回答。这样可以帮助我们熟悉面试的流程，减少紧张感。其次，我们可以对着镜子进行练习。这样做的好处是可以观察到自己的面部表情和肢体语言，从而调整自己的仪态和气质。在面试中，一个自信、从容的姿态往往能给考官留下良好的印象。最后，当我们在对着自己和镜子练习得相对熟练之后，可以试着找一些熟人进行模拟面试。与熟人交流可以让我们更加放松，同时也能得到他们的反馈和建议，帮助我们进一步完善自己的表达方式和内容。

在练习的过程中，我们可能会遇到各种困难，比如紧张导致说话磕巴、思路不清晰等。但这些都是正常现象，我们不必过于担心。每一次练习都是一次进步的机会，只要我们坚持不懈地努力，就一定能够克服这些困难。当我们克服了这些困难，面对考官的时候，内心就不会感到紧张和恐惧。我们能够做到说话流畅、思路清晰，展现出自己的最佳状态。这样，我们就能够更好地展现自己的能力和潜力，赢得考官的认可和青睐。

（二）坚持且自信

不要太在意外界的声音，任何时候都是这样，太在意外界的声音往往会干扰我们的自我认知。永远不要觉得别人有多厉害，千万不要低估自己。我以前就属于特别低估自己的那种人，经常觉得别人比我优秀，但是每当我真正着手做某些工作的时候，会发现别人能做好的工作，我也可以。所以，不要轻视自己，也不要高估别人，自信一点儿。每个人都有自己独特的价值和能力，而比较只会让我们忽视自己的优点，增加不必要的压力。

我从小骨子里就不是一个特别自信的人，任何事情都可以往后退一退，谦让一下，不争不抢，就这样，时间久了，甚至变得有些自卑。但是当我真正步入社会的时候，完全不会自卑，我很优秀。无论这种自信是来源于朋友还是来源于工作，一旦拥有了，我们就会更有动力去探索、去尝试、去挑战自己。这种积极的心态会激发我们的潜能，在人生的道路上不断前行，促使我们在各个方面都取得更好的成绩，进而实现自己的价值和梦想。

（三）快乐且开心

随着岁月的流逝，我们会渐渐步入人生的不同阶段，在这些阶段中，我们会渐渐领悟到许多人生的真谛。其中，一个尤为深刻的体会就是：无论身处何种境遇，只要能够拥有快乐，那就是一种莫大的幸福。

回想起我的第一份工作，我有幸结识了一位来自河南的大哥。他是一个充满活力和拼搏精神的人，对待生活总是充满了热情和激情。他曾经当过家教，在北京的中关村卖过电子产品，甚至开办过教育机构。他凭借着自己的努力和智慧，不仅成功地在北京落了户，还购买了两套房产，为家庭打下了坚实的基础。大哥不仅事业有成，还乐于助人，无论别人遇到什么困难，他总是愿意伸出援手，主动去帮助别人解决问题。他的这种精神感染了周围的人，让我们都对他充满了敬意和感激。

然而，命运总是充满了变数。2023 年，在一次培训活动中，大哥突发脑出血，经过紧急抢救虽然保住了生命，却成了植物人。当我得知这个消息并去拜访他时，看到大哥躺在床上的场景，我的心中充满了无尽的悲伤和无奈。因此，无论我们身处何种境遇，都应该学会珍惜当下，保持积极乐观的心态，去寻找和创造属于自己的快乐。

我习惯了身边总是有人相伴的日子，无论是初中时与同学们欢乐的校园时光，还是高中时一起备战高考的紧张岁月，抑或是大学时与室友们共度青春、分享梦想的日子。每当想起那些日子，我的心中都充满了温暖的回忆。毕业之后，我遇到了我的先生，他的出现让我的世界变得更加丰富多彩，我们相互扶持、共同成长，一起面对生活中的种种挑战。我害怕孤独，无法想象一个人独居的生活会是怎样的冷清和寂寞。我总是觉得，只要有人陪伴在身边，哪怕只是静静地坐在一起，也会让我感到无比的快乐和满足。

然而，我也明白，每个人对于生活的追求和喜好都是不同的。有些人就非常享受一个人的生活状态，他们喜欢独处时的宁静和自由。比如，我有一个和我同龄的同事，她目前处于单身状态，平日里会去看看演唱会，感受音乐带来的激情与震撼；周末则会约上自己的小姐妹一起逛街、吃饭、聊天，分享彼此的生活点滴。她似乎很享受这种独立而充实的生活状态，每次看到她满脸笑容的样子，我也会为她感到开心。

我们要珍惜自己现在所拥有的幸福和快乐。无论是有伴还是无伴，只要自己能够接受并享受当下的生活状态，那么就能够寻找到属于自己的那份快乐。生活虽然充满了不确定和挑战，但只要我们保持一种积极向上的心态，去勇敢地面对和追求自己的幸福，我们就能够活出精彩的人生。

访谈员后记

这次访谈是我对今后职业生涯的一次探索性活动，也是一次意义非凡的体验。我的访谈对象蹇慕华学姐是中华女子学院女性学专业第二届毕业生。通过和学姐的沟通交流，收获颇多，获益匪浅。

蹇慕华学姐的职业成长历程深刻体现了女性学专业对其个人发展的深远影响。作为中华女子学院女性学专业的优秀毕业生，学姐不仅汲取了专业知识的滋养，更在性别视角的引领下，塑造了坚韧不拔、勇于探索的个人品质。

蹇慕华学姐对工作的热忱与执着，正是女性学强调的“自我实现”与“积极行动”理念的体现。她不畏艰难、勇于挑战，将每一次困境视为成长的阶梯，这种积极向上的精神风貌，正是女性学鼓励女性勇敢追求个人价值、不畏外界偏见的直接反映。女性学教育让她认识到，无论性别如何，都有能力在各自领域内发光发热，这种信念成为她职业生涯中不竭的动力源泉。

学姐性格中的活泼与务实，以及她与人交往中的温暖与智慧，既是个人特质的展现，也反映了女性学对于培养学生全面发展的重视。女性学注重培养个体的情感智力与社交能力，鼓励建立基于理解、尊重与支持的人际关系。学姐的耐心倾听、积极鼓励，以及她所展现出的同理心，正是这一教育理念在实践中的具体体现。她不仅在工作中与同事默契配合，更在生活中成为他人的精神支柱，展现了女性学所倡导的“共情”与“互助”精神。

学姐的社会责任感与回馈意识，更是女性学教育中“性别公正”与“社会参与”理念的深刻体现。她深知自己的成长离不开社会的支持，因此始终将回馈社会、帮助他人视为己任。学姐以高度的责任感和使命感，将人民利益放在首位，无论是坚守疫情防控一线，还是通过各种方式帮助他人，她都以实际行动诠释了女性学所倡导的“公民意识”与“社会责任”。她的助人行为，将“赠人玫瑰，手留余香”的理念内化于心、外化于行，展现了女性特有的温柔力量与宽广胸怀。

女性学鼓励终身学习，强调女性应不断提升自我，以适应快速变化的社会环境。蹇慕华学姐正是这一理念的践行者，她不断学习新知识、新技能，以应对工作中的各种挑战。同时，她也鼓励身边的人追求梦想、勇于挑战，并享受过程，这种积极向上的人生态度，为女性学专业的学生树立了良好的榜样。

蹇慕华学姐的成长历程，是女性学教育理念在她身上的生动展现。从职业态度的塑造、性格与人际交往的润色，到社会责任与回馈意识的培养，再到持续学习与成长的追求，女性学不仅为她提供了丰富的知识框架，更塑造了她坚韧不拔、勇于担当的品格。她的故事激励着每一位女性学子，在追求个人梦想的同时，也不忘回馈社会，用自己的力量推动性别平等与社会进步。

勇敢走出“舒适圈”

——2007级女性学专业毕业生郑碧云

访谈时间：2024年3月27日11:45—13:15
2024年4月18日18:20—19:00

访谈地点：中关村资本大厦六楼会议室
中关村资本大厦二楼会议室

受 访 者：郑碧云

访 谈 员：谷天南（社会工作专业妇女发展方向2023级硕士生）

人物简介

郑碧云，1989年生于安徽黄山，已婚，育有一女。本科就读于中华女子学院女性学专业，2007年9月入学，2011年6月毕业。曾在中国财经报社工作，其间借调到财政部国库司政府采购处。在采购处工作期间，主要负责中央单位变更政府采购方式审批和进口产品审核工作，中央单位及地方财政部门政府采购信息统计材料的收集整理、政府采购工作会议和业务培训的组织协调、中央单位业务咨询解答及有关文件资料起草、整理等工作。现任中招国际招标有限公司项目经理，主要负责中央单位、事业单位、大型国企及军工单位招标采购业务工作。

一、遇见女院

（一）报考中华女子学院

我是2007年7月高中毕业。高考毕业填志愿时，家里亲戚朋友建议去大城市读书，机会多。我听从了他们的建议，大学地点就选择定在北京。根据历年分数排名，在高考志愿手册上筛选分数差不多的学校，最后选择了中华女子学院，所报的专业是女性学。当时第一眼就觉得女性学这个专业很特别，中华女子学院的特色专业也是女性学，全国有且仅有中华女子学院有女性学这个特色专业。

在大学本科期间，我担任的是班级文体委员，参加的文体活动比较多，譬如篮球、排球等，包括所有学校组织的活动。因为与其他院系相比，女性学系人数本身就较少。作为班级的文体委员，学校或院系组织的活动，基本上我都会带头参加，起到班干榜样示范作用。平日课余时间里，我喜欢坐在女院的图书馆里看书学习。大三那年，我打算考研。报考的是中国传媒大学新闻系，但是后来因为英语科目没有发挥好，很遗憾没有考上。毕业时，刚好也找到了工作，所以也就放弃了继续深造的想法。

（二）大学四年的收获

为期四年的女性学学习对我生活、工作等各方面都有很大的影响。很多观念、想法与自己在进入女院之前的理解是完全不一样的，包括现在也一直影响着我。

在生活中，表现最鲜明的就是，现在家里的家务活基本上是一人一半。

因为我学的是女性学专业，所接受的教育是女性学的专业教育，依稀记得老师上课时提及的家务劳动报酬化相关的概念。不能因为我是女性，我就要多承担家务，我会对我先生有要求，而不是我单方面一味地付出。这个观念始终影响着我的生活。

在工作中，我始终坚持着一种坚定的思想观念，那就是女性无论挣多挣少，都应该拥有一份真正属于自己的工作，并在这个领域中发挥自己的光和热。我深信，工作不仅是获取经济收入的途径，更是女性实现自我价值、提升社会地位的重要途径。我始终认为，女性不应该无条件地依附于男性。尽管在某些家庭中，表面上看似和谐，但随着时间的推移，缺乏经济独立的女性可能会面临诸多困境和挑战。这种依附关系不仅会限制女性的自由和发展，还可能对家庭和谐产生潜在威胁。

因此，我一直秉持着女性要经济独立的思想。我认为，经济独立不仅能让女性拥有更多的选择和自由，还能提升她们的自信心和独立意识。当女性在经济上能够独立自主时，她们就能更好地掌控自己的生活，追求自己的梦想和目标。同时，我也相信，女性在工作中同样能够展现出卓越的能力和才华。无论是在哪个领域，女性都能够发挥自己的优势，创造出属于自己的辉煌。我们应该鼓励女性勇敢追求自己的事业，为社会的进步和发展贡献自己的力量。我认为，只有女性在经济上真正独立，才能实现自己的价值和梦想，也才能在社会中赢得更多的尊重和认可。

无论是生活中的我，还是工作中的我，我都会觉得没有什么事是我干不了的。男人能做的事我能做，男人不能做的事我可能也能做，甚至在某些方面，我能够展现出更加细腻和独到的处理方式。而对于那些男人难以胜任的任务，我更是充满了挑战和尝试的欲望，相信自己或许能够做得更好，展现出独特的优势。

二、留京缘由

毕业之后，面对人生的分岔路口，我面临着一个重要的抉择——是回到家乡，还是留在北京。我找到了一份工作，开始了自己的职业生涯。在这个过程中，我逐渐意识到，北京这座城市给予了我很多的机会和可能。

首先，四年的大学生活，让我对北京有了深厚的感情。我爱上了这座城市的繁华与喧嚣，爱上了这里丰富多彩的生活和无限的机会。我觉得，在北京这样的大城市，我可以接触更多的事物，获得更多学习和成长的机会。即便我对目前的工作并不完全满意，但我相信可以找到更适合自己的舞台。

其次，我的大姨和小姨都留在北京。她们的存在，让我在这座城市中不再孤单。平日里，我们可以互相聚聚，分享彼此的生活和工作。当遇到困难和问题时，我们也可以互相帮助，携手渡过难关。这也是我当初选择来北京上学的一个重要因素。

最后，我是一个比较独立的人，从小家人对我的学习和工作要求就非常严格。年少时的我，心里难免会有一些叛逆的情绪，不想总是在父母的庇护下生活，不想被他们管束。选择留在北京，也成了一种独立生活的宣言。后来，我遇到了我先生，他是一个地道的北京人。我们的相遇，让我更加坚定了留在北京的决心。我们共同经历了许多生活的起起伏伏，也共同规划着未来的蓝图。如今，我们已经在北京定居，这里成为我们的家、我们的根。

对于过去的选择，我从未后悔过。虽然家乡有着无尽的温暖和牵挂，但北京也有着属于我自己的故事和未来。我相信，在这座充满机会和挑战的城市里，我可以继续书写属于我的精彩篇章。

三、职业生涯发展

（一）三段实习经历

本科共有三段实习经历。第一段实习是在老师的推荐下，有机会去了法学会实习。主要负责翻译关于家暴相关的英文资料，在英语技能方面有所提升。

第二段实习也是得益于学校一位老师的推荐，去中国妇女外文期刊社实习。最大的实习收获就是口语表达能力突飞猛进，英语水平有了进一步的提升。当然，在此期间我也开始了解了一些国外女性的相关新闻报道，从多角度获取信息，经过对比，会让自己有一些意想不到的收获。在此期间，英语能力又得到了进一步的提高。

第三段实习是在一个做视频的网络公司，做了特别多杂七杂八的工作，感觉一无所获，于是，我的第三份实习也就在短时间内结束了。

（二）第一份正式工作中的借调

毕业之际，我同样面临着找工作难的问题。当然，校招的时候也有一些机会，去面试过几次，但是那些公司所提供的工作岗位并不是我心仪的工作，最终也就没去。后来，第一份正式工作其实也是在别人的推荐下，才有机会去实习了一段时间，当时，这份工作无论是工作伙伴还是工作氛围，我都很喜欢，于是就努力争取留了下来。

我毕业之后的第一份正式工作是在中国财经报社上班。在考研备考期间，我所学到的知识是新闻系相关的，再加上我对这方面也很感兴趣，所以就选择了这份工作。刚入职的时候，从事的是记者相关的工作。后来，由于工作上的需要，被借调到财政部，在财政部工作了七年时间。这期间我从事的更多的是一些行政审批类工作，包括政府采购、写公文之类相关工作，对于我而言，理论多于实践，工作也不再具有挑战性。当时在财政部的工作还是比较轻松的，正常上下班，工作内容也不多，工作强度也不大，更没有所谓的工作压力，个人可支配的时间也会相对多一些。因为是借调，自己总觉得是去给别人帮忙，工作内容局限性也较强，没有什么往上发展的空间，职业生涯有瓶颈。于是，我萌生了辞职的想法。

（三）跳离“舒适圈”

2018 年，我辞去了一份在外人看来很适合女性的工作，重新开始投递简历。最后我进入现在的工作单位中招国际招标有限公司。目前负责的工作主要是招标代理，这份工作和我上一份工作有着千丝万缕的联系，招标代理涉及政府采购的方向，包括政府采购、企业采购、部队采购等。

现在的工作和上一份工作相比，繁忙了许多，压力也大了许多。但时间久了，适应之后，这份工作也会让我觉得比以前更加有意思，更加具有挑战性，自己也变得更加充实。

在 2018—2023 年这五年繁忙的业务工作中，我完成了各种行业、各种类型的招标采购项目，对招标采购行业有了更深的认识，同时我也深深地感到不断学习的重要性。招标采购工作专业性较强，不仅需要理论知识积累，正确把握政策内涵，还要灵活应对工作中出现的各种问题，在提高工作效率的同时注重工作质量。随着招标文件和合同模板的逐渐统一范本化、采购流程操作程序化，我们的工作也逐步向需求拟定、合同起草等专业服务转变，从程序代理服务转向专业化服务，这就要求我们必须与时俱进，不能停下学习的步伐。我深知自己还存在很多不足，在以后的工作中，我会继续坚定不移地跟随公司领导的脚步，主动与身边的优秀同事交流，互相学习，进一步提高思想认识、改正不足、完善自己。

进入中招国际招标有限公司以来，在领导的帮助指导下，在部门同事的共同努力下，我高质量完成了一大批招标采购项目，以高度的责任心和良好的服务态度为业主提供高质量的服务。在时间紧迫的情况下，加班加点、保质保量完成工作任务，确保招标采购工作合法合规有序推进，得到了有关领导的充分肯定以及客户单位的积极评价。此外，我也严格遵守国家法律法规及公司的各项规章制度，积极参加公司组织的各类业务培训并认真学习，努力从多方面提升自己的能力。五年时间里，我累计完成了两百多个招标采购项目。“不积跬步，无以至千里；不积小流，无以成江海。”回想过去的五年时间，我从业务小白逐渐成长为一名合格的项目经理，从辅助同事到能够独当一面，这一点一滴的进步都是从日复一日的忙碌中汲取来的。

（四）形形色色的客户

我的单位是国企，正常上下班时间是朝九晚五，周末双休。我平日也需要加班，有时候 5 点可能下不了班，即使下班，遇到比较着急的客户，他们也会打电话联系我，我也得立马回复处理。

之前有个客户，本身是从事科研的工作单位，可能相对来说比较严格，不仅在细节方面要求较为严格，有一些需要他们自己内部来完成的工作也要求我们来完成，但是因为我们是服务他们的代理机构，要以客户需求为中心，不能拒绝客户，必须把客户服务好。正常来说，客户把项目委托给我们，我们只负责给客户进行招标代理的采购。但是客户前期的一些准备工作自己没有做好，也会让我们帮忙做。还有就是工作上难免有一些小瑕疵、小问题，客户有时候就会得理不饶人，第一反应就是指责你，而不会听你的解决方案，先想想怎么去把这个问题解决了。所以每次遇到这样的客户，我就只能先及时了解客户当前的诉求，然后再想办法去解决客户的问题。不过，凡事都得往正面看，每次在完成这些客户的项目时，在与他们的沟通过程中我也学到了很多东西，有好多事需要慢慢来，不能操之过急，否则效果会大打折扣，结果也会不太理想。

目前正在接触的这个客户给我留下了非常好的印象。他比较不拘小节，给人一种很随和的感觉。在工作上，他对于一些细节方面的小问题并不会过于苛责，而是能够理解并接受。只要我们能及时发现问题，迅速解决，并且不影响整体的工作方向和进度，他都能给予包容和理解。与他的沟通也非常愉快，我们之间的交流没有障碍。我能够很自然地表达自己的想法和观点，而他也能耐心地倾听并给予反馈。这种良好的沟通让我们的合作更加顺畅，也让我更加有信心完成好任务。

我深知在现阶段所从事的工作中，会遇到形形色色的人，每个人都有自己独特的性格和处事方式。因此，我需要学会灵活应对，适应不同客户的需求和沟通方式。在与他们交流时，我会注重细节，尽量做到周到细致，以确保每一项工作得到妥善处理。同时，我也会始终保持对客户的尊重和信任，把他们的需求放在首位，尽我所能完成好客户委托的任务。

四、所思所想

（一）家庭与工作

从之前那份相对轻松的工作切换到目前这个极其忙碌的岗位，我深感这不仅是工作强度的简单变化，更是一次全方位的心态与能力的挑战。首要之务，便是调整自己的心态。我明白，这种转变是成长的必经之路，是提升自我价值、实现职业目标的关键一跃。因此，我努力让自己保持积极向上的心态，不畏困难，不惧挑战，勇敢地迎接每一个新的工作任务。

当然，仅仅调整心态是远远不够的。在新的工作岗位上，我面临的是更加复杂和专业的工作内容，这要求我必须投入更多的时间和精力去学习和研究。尤其是作为招标代理，这个领域涉及的法律法规繁多且不断更新，几乎每隔一段时间都会有新的法规出台。这些新的法律法规不仅关乎工作的合规性，更直接影响到我能否胜任这份工作。因此，我必须时刻保持学习的状态，不断跟进法规的更新，确保自己能够掌握最新的政策动向和业务知识。

有时候，工作内容的繁重使得我在上班时间几乎无法分身去深入学习。但我深知，要想在这个岗位上长久立足并取得成绩，就必须不断提升自己的专业素养。于是，我常常利用下班后的时间，加班加点地学习新的知识和技能。虽然这样的生活节奏让我感到有些疲惫，但当我看到自己的进步和成长时，所有的付出都变得值得了。回顾这段转变的过程，我深感自己在心态和能力上都有了很大的提升。我相信，只要我能够继续保持这种积极的学习态度和进取精神，就一定能够在新的工作岗位上取得更好的成绩。

我明白这份工作对我来说有多么重要，所以我深知自己必须坚持下去。然而，面对这种高强度的工作节奏和不断变化的工作要求，我意识到，真正关键的并不只是简单地咬牙硬撑，而是在保持工作效率和质量的同时，学会如何平衡工作与个人生活。

这种平衡实际上是一种智慧的体现。我需要不断摸索，自己去掌握那个恰到好处的尺度。什么事能干，什么事不能干，什么时候可以稍微放松一下，让自己从紧张的工作状态中抽离出来，恢复精力，什么时候则必须集中注意力，保持高度的专注和警觉，不能松懈，这些都需要我根据实际情况进行判断和调整。

同时，我也必须时刻牢记自己的职责和任务，明确什么时候应该完成什么任务，做到心中有数，避免在工作中出现遗漏或延误。这需要我具备良好的时间管理和自我管理能力，合理规划自己的工作时间和进度。当然，我也清楚，在工作和生活的平衡中，我并非孤军奋战。我看到身边的领导们每天都在忙碌地工作，有时甚至忙到深夜才回家。他们为了工作牺牲了很多个人时间，这种敬业精神让我深感敬佩。

作为一个母亲，我深知孩子的成长需要家人的陪伴和关爱。孩子的每一个成长瞬间都是宝贵的，我不想因为工作的忙碌而错过孩子的成长。因此，在追求职业发展的同时，我也要兼顾家庭的需求和责任。这意味着我需要在工作中更加高效地利用时间，尽可能地减少加班和占用私人时间的情况。同时，我也需要学会在家庭中寻找支持和帮助，让家人成为我坚强的后盾。

对于我来说，家庭在生活中的重要性不言而喻。一个和谐稳固的家庭，是我能够无所顾忌地投入工作中的基石，也是我持续发展的动力源泉。每当我回到家，看到家人温暖的笑容，听到孩子天真的笑声，我所有的疲惫和烦恼都会烟消云散，取而代之的是满满的幸福感和归属感。正因为深知家庭的重要性，我在工作中也始终保持着清醒的头脑，时刻提醒自己不要因为工作的忙碌而忽视了家庭的需要。我努力在工作和家庭之间找到平衡点，让两者能够相得益彰，相互促进。

然而，有了家庭之后，确实会面临更多的牵绊和挑战。我的时间和精力往往被工作和家庭分割得支离破碎，属于自己的时间变得少之又少。很多时候，我会感到有些力不从心，甚至想要放弃一些自己的兴趣和爱好。但是，我始终相信，作为女性，我们要学会抽时间来不断提升自己、丰富自己。无论是在运动健身方面，还是在追求自己的兴趣爱好方面，我都努力挤出时间来坚持。因为我知道，只有不断提升自己，才能更好地面对工作和生活中的挑战，也才能给家人带来更好的生活。当然，这个过程并不容易。我需要克服各种困难和挑战，才能找到属于自己的时间和空间。但正是这种坚持和努力，让我感受到了生活的美好和充实。

总的来说，面对工作和生活的挑战，我需要不断地调整自己的心态和策略，找到适合自己的平衡点。只有这样，我才能在工作中发挥出最好的状态，同时也不会忽视对家庭的关注和照顾。我相信，只要我坚持努力下去，一定能够克服困难，实现自己的价值，同时也能享受到幸福美满的家庭生活。

（二）我只管努力，剩下交给天意

就我个人而言，对于未来职位的晋升，我并不会过分强求。我更愿意将重心放在做好自己的本职工作上，努力提升自己的能力和素质。同时，我也希望能够逐渐靠近管理层，为公司的整体发展贡献更多的力量。在未来的职业规划中，我希望逐渐从具体的业务操作，转向更宏观、更战略性的层面。进入综合部门或职能部门工作，根据自己的经验和知识，专注于政策法规的研究。我相信，这样的工作不仅能够让我更全面地了解公司的运营状况，也能够为公司提供更准确、更专业的政策法规咨询。我认为，业务工作和政策法规学习应该紧密结合起来，才能够更好地发挥政策法规在公司运营中的指导作用。当然，这些只是我目前的一些想法和期望。未来究竟会如何，谁也无法预测。我所能做的就是继续努力，不断提升自己，积极面对每一个挑战，牢牢抓住每一个机遇。

（三）对女院的期待

1. 鼓励学生们积极发表自己的观点和看法

鼓励学生们积极发表自己的观点和看法，是教师在教育过程中极其重要的一个环节。每个学生都是独一无二的个体，他们的思想、观点和情感都值得我们尊重和倾听。这不仅有助于营造一个开放、包容的学习环境，更能激发学生们的思考能力和创新精神。

在课堂上，当老师提出一个问题或者讨论主题时，如果学生们能够畅所欲言，发表自己的看法，那么整个课堂就会充满活力和思考的气息。这种氛围会促使学生们更加深入地思考问题，从而提高他们的学习效果。除了课堂讨论，我还记得当时有个女性学的群聊，这个群聊不仅为我们提供了一个交流的平台，更成了一个思想的碰撞场。有时，老师会在群里发布一些关于社会热点问题的讨论，我们班的学生都会积极参与其中。他们会结合自己的思考和理解，在群里发表自己的观点和看法。他们的观点可能会相互碰撞，产生讨论，我觉得这样的讨论必不可少，只有这样，才能更加深入地理解问题的本质，才能更加全面地看待问题。

在这个过程中，学生们不仅锻炼了自己的表达能力，也学会了倾听他人的观点，尊重不同的意见。这种交流方式不仅能够帮助他们更好地理解问题，更能够激发他们的思考能力和创造力。更重要的是，这样的讨论也会引发其他同学对某一现象的深度思考。他们会开始关注身边的人和事，思考这些现象背后的原因和意义。当他们下次遇到同类现象时，也会特意关注，并尝试用自己的知识和经验去解释和理解。

2. 组织社会实践活动

我深知，女性学专业的成长离不开行业专家学者的支持与指导。我记得，我们的老师曾经邀请过许多知名学者和业界人士来到学校举办讲座，为我们带来前沿的行业知识和独特的见解。这些讲座不仅拓宽了我们的知识视野，还激发了我们对于女性学专业的热爱和追求。

对于女性学专业未来的发展而言，组织丰富的社会实践活动显得尤为重要。这些活动不仅可以使学生们将所学知识与实践相结合，更能让他们在实践中拓宽视野，增强自身能力。社会实践的形式可以多种多样，例如，组织学生们走进社区、农村，了解女性在当地的生活状态和需求，从而更深入地研究女性在社会中的角色和地位。同时，也可以鼓励学生们参与一些与女性学相关的研究项目，让他们在实践中学习研究方法，提升研究能力。我记得，学校老师曾组织了一次女性土地调查的实践活动，我们深入与广大女性面对面交流，了解她们在土地使用方面的需求和困境。虽然我们的任务看似简单，只是发传单和收集表格，但这个过程却让我们深刻体会到了社会实践的意义和价值。除此之外，报名参加一些像街舞组织这样的兴趣团体也是不错的选择。这些活动不仅能够让学生们在学习之余放松身心，还能够培养他们的团队协作能力和创新思维。通过参与这些活动，学生们可以更好地展示自己的个性与才华，增强自信心。

通过这些活动，我们走出了校园，走进了社会，感受到了外面世界的多元与广阔。我们学会了如何与人交流、如何合作、如何解决问题，这些能力对于女性学专业的学生来说至关重要。总之，在女性学专业未来的发展中，我们应该继续结合专业的特色与优势，组织更多有意义、有挑战性的社会实践活动。通过这些活动，让学生们在实践中学习、成长，为未来的职业发展奠定坚实的基础。同时，也要注重与业界的联系与合作，为学生们提供更多的实践机会和资源，助力学妹在女性学领域取得更加辉煌的成就。

3. 就业指导

对于女性学专业的毕业生而言，就业是一个既充满挑战又充满机遇的阶段。在这个过程中，老师的建议和意见显得尤为重要，它们能够帮助学生更好地规划自己的职业道路，避免走弯路，实现自己的职业目标。

首先，老师可以鼓励毕业生们拓宽就业视野。实际上，许多行业都需要具备女性学专业知识背景的人才，比如社会研究、性别研究、公关传媒等领域。因此，毕业生们可以通过求职平台、招聘会等渠道，了解更多行业的招聘信息，积极投递简历，争取更多的就业机会。

其次，老师可以根据自己的经验，为毕业生们提供一些具体的建议和意见。例如，可以告诉她们哪些行业对女性学专业的人才需求较大，哪些公司的文化氛围比较适合女性发展，以及哪些岗位更适合女性学专业的毕业生等。这些具体的建议和意见能够帮助毕业生们更加精准地定位自己的职业方向，提高求职的成功率。

此外，对于选择继续深造的毕业生，老师也可以给予一些指导和建议。例如，可以建议她们选择一些与女性学相关的交叉学科或新兴领域进行深入研究，这样既可以拓宽自己的知识视野，又可以提高自己的竞争力。

最后，老师还应该关注毕业生的职业发展状况，定期与她们保持联系，了解她们的工作状态和职业发展情况。对于在工作中遇到困难和问题的毕业生，老师可以给予一些指导和帮助，提供一些解决问题的方法和思路。这样不仅可以帮助毕业生们更好地应对职场挑战，也可以增强师生之间的情感联系，促进专业的持续发展。

五、小家建设

在工作领域，我通过不懈努力和扎实的工作能力，在单位取得了不少令人瞩目的成绩，多次荣获业绩突出的表彰，这些成绩不仅证明了我的专业实力，也为我赢得了同事们的尊重和信任。而在家庭领域，我也收获颇丰，那些小小的成就同样让我感到自豪和满足。

2018 年，我们家庭荣获了东城区“最美家庭标兵户”的称号，这是对我和我的家庭在和谐共处、传承良好家风方面的高度认可。随后，在 2019 年，又获评了“首都最美家庭”，这一荣誉再次证明了我们家庭在塑造良好家风、传递正能量方面所做出的努力。2022 年，我们家庭更是荣获了全国“最美家庭”的殊荣，这一国家级别的荣誉让我深感荣幸，也激励着我继续保持良好的家庭风尚。

郑碧云家庭荣获“首都最美家庭”称号

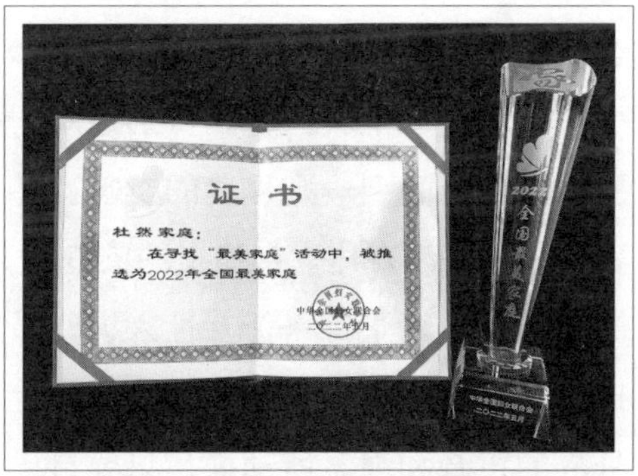

郑碧云家庭荣获全国“最美家庭”称号

而最让我难以忘怀的是 2022 年 9 月与先生一同在中央党校参加的那场由全国妇联、中央和国家机关工委等单位联合举办的“对党忠诚　不负人民”

家风故事分享会。那次活动，我们荣幸地从全国众多最美家庭中被选中，作为三家代表之一上台分享我们的家风故事。站在那个舞台上，我深感荣幸和自豪，能够与众多优秀的家庭一起分享我们的家风故事，传递我们对党的忠诚和对人民的热爱。

那次活动后来还上了中央电视台的《新闻联播》，让更多的人了解了我们的家风故事。每当回想起那一刻，我都会感到无比激动和自豪。这些奖项和荣誉不仅是我个人价值的体现，更是对家庭和谐、美满生活的最好见证。它们激励着我继续保持良好的家风传统，为社会的和谐稳定贡献自己的一份力量。

六、小小寄语

（一）想清楚自己想要的

目前的社会环境中，女性往往面临着家庭与事业的双重挑战。如果她们在家庭方面投入了过多的精力，那么在工作上的投入自然就会减少，这是一个不容忽视的现实问题。特别是对于那些选择生育的女性来说，她们的职业发展可能会受到一定程度的影响。然而，那些专注于赚钱和事业发展的成熟女性，如果没有建立起稳定的家庭，又可能会遭受周围人的各种非议。

因此，对于每一个女性来说，最重要的是清楚地了解自己内心的需求和追求，明白自己究竟想要什么样的生活，然后围绕这个目标去努力，不要被外界的声音和观念所动摇。只要自己想清楚了，坚定了自己的信念，就能够勇往直前，不受任何干扰。就像我的一些同事，她们明确表示自己不想结婚，不想生孩子，但往往会受到来自家庭和社会的压力。每当这时，我也会劝慰她们，告诉她们要坚定自己的信念，不要被他人的意见所左右。例如，如果现阶段她们的想法是不结婚，那么就可以朝着这个方向去努力、去思考，仔细分析不结婚可能会带来的各种问题和挑战，看看自己是否能够接受和应对。再比如，如果她们决定不生育，那就得认真思考自己是否能够接受一直丁克的生活，是否有足够的信念去坚持这一选择。如果觉得自己能够承受这一切，那就应该坚定地走下去；如果觉得有些困难或者坚持不了，那么就应该早点儿考虑生育的问题，以免将来后悔。

每个人都有自己的生活方式和选择，最重要的是清楚自己想要什么，然后勇敢地去追求。不要被外界的声音所左右，更不要因为迎合他人的期望而牺牲自己的幸福。

（二）功利性要适度

在当今竞争激烈的社会中，每个人都期望在职业生涯中取得卓越的成就。然而，过度追求功利往往会让我们迷失方向，甚至影响我们的心态和行为。因此，保持适度的功利性，一定要积极向上，正面阳光，这对于实现个人职业目标至关重要。保持适度的功利性是实现职业目标的重要前提。通过自我评估、设定目标、制订计划、发掘潜能、掌握行业信息和增强竞争力等步骤，我们可以逐步实现自己的职业规划。同时，我们还需要时刻保持警觉，关注自己的职业进展和变化，不断调整和优化自己的职业规划，确保自己能够在竞争激烈的职场中脱颖而出。

（三）活到老学到老

在年轻的时候，我们或许会对未来充满未知与担忧，常常会因为想象中的种种困难而感到迷茫和害怕。然而，正是这些看似无法逾越的障碍，成为我们成长道路上最宝贵的财富。当我们勇敢地迈出第一步，然后一步一步地踏实前行，我们会发现，那些曾经觉得难以跨越的鸿沟，其实并没有想象中那么可怕。回首过去，我们会发现，那些曾经让我们夜不能寐的难题，如今看来都不过是成长路上的小小绊脚石。我们之所以能够如此从容地面对过去，是因为我们在不断地学习和思考中，逐渐积累了足够的智慧和力量。

因此，我强烈建议大家珍惜年轻时的时光，多读书、多学习、多思考。这不仅有助于我们在精神上变得更加独立，更能够帮助我们塑造独特而坚定的人格。同时，通过不断地学习和努力，我们也有机会实现经济上的独立，为自己的未来奠定坚实的基础。此外，在思想上我们也需要变得更加强大。不要被困难所吓倒，更不要让畏难情绪影响我们前进的步伐。我们要相信自己具备无限的潜力，相信自己有能力成为一个优秀的人。这种自信并非凭空而来，而是源于我们不断地学习和自我提升。当我们拥有了强大的思想武器，就能够更加从容地面对生活中的各种挑战。我们要用知识武装自己，不断提升自己的个人能力和素质。只有这样，我们才可能真正成为一个优秀的人，为自己的人生创造更加美好的未来。

访谈员后记

我感到十分幸运，能够有这样一个宝贵的机会，与如此优秀的学姐郑碧云近距离地接触和交流。郑碧云学姐是中华女子学院第二届女性学专业毕业的优秀学生。在我与学姐的两次见面沟通过程中，我深受触动。她那种由内而外散发出来的亲和力，让人不由自主地想要靠近她、了解她。这种亲和力不仅体现在她的言谈举止中，更渗透在她的气质和精神风貌里，给人带来一种极强的舒适感。

学姐给我的第一印象是温文尔雅、落落大方。她的笑容总是那么温暖而真诚，让人感到无比的亲切和舒心。在之后的深度访谈中，我更深入地了解了她的内心世界和人生经历。她柔中带刚，刚中带柔，这种独特的性格魅力让我深深地折服。在生活的世界里，她优雅翩翩；在工作的舞台上，她雷厉风行、严谨认真。

在本科阶段，郑碧云学姐作为班干部成员之一，以其言行举止为班级树立了良好的榜样。她不仅在学习上刻苦努力，成绩优异，更在各类活动中积极踊跃报名，为班级增光添彩。她的参与不仅为班级加分，更为自己积累了宝贵的经验。

在生活方面，尽管学姐的工作繁忙，但她始终不忘家庭教育的重要性。她深知家庭、家教、家风的建设对于一个家庭乃至社会的深远影响，因此一直将其放在重要位置。她不仅注重培养孩子的品德和能力，更以身作则，为孩子树立了良好的榜样。正因为学姐在家庭建设方面的辛勤付出和卓越成就，她先后荣获了东城区“最美家庭标兵户”“首都最美家庭”以及全国“最美家庭”等荣誉。这些荣誉的背后，凝聚了她的汗水与智慧，也见证了她在家庭建设方面的卓越贡献。她认为，只有把自己的小家照顾好，社会的整个大家才能良性发展。她以自己的实际行动践行着这一理念，为建设和谐幸福的家庭做出了榜样。

在工作领域，学姐更是勇敢地跳出“舒适圈”，敢于直面挑战。她遵循内心的选择，不断追求更高的目标和更广阔的发展空间。她善于钻研、勤于学习，具有强烈的求知欲和学习能力。无论面对何种新环境、新挑战，她都能迅速适应并展现出卓越的才能和领导力。她的专业知识和技能赢得了人们的敬佩和赞誉。

虽然郑碧云学姐毕业后并未直接涉足与女性学专业紧密相关的工作领域，但她的生活中无时无刻不体现着女性学的独特视角与深刻见解。正是那些关于女性学的基础知识和深刻领悟，如同指南针一般，指引着学姐在人生旅途中做出明智的决策，使她在面对各种复杂情境时能够保持清醒的头脑和敏锐的洞察力。

在这次访谈中，我深切地体会到了职业生涯的曲折与多变。每个人的职业发展道路都不可能一帆风顺，我们总会遇到各种意料之外的挑战和困境。但正是这些挑战和困难，磨炼了我们的意志，提升了我们的能力，使我们不断成长和进步。我会以她为榜样，不断努力提升自己，争取在人生的旅途中展现出属于自己的独特魅力。

过一种坚定、独立、自知的生活

——2009级女性学专业毕业生刘天红

访谈时间：2024年6月11日9:00—11:00

访谈地点：北京市朝阳区青年路醒卡咖啡馆

受 访 者：刘天红

访 谈 员：杨 超（妇女发展学院女性学系2022级本科生）

人物简介

刘天红，34岁，籍贯山东省聊城市，已婚，育有一女。2009级本科生，2013年本科毕业后留校读社会学（社会性别研究方向）硕士学位，为中华女子学院与东北师范大学联合培养硕士研究生。硕士毕业后，先后供职于中国妇女报社和新京报社，担任编辑、记者、评论员。2023年进入北京外国语大学国际关系学院攻读博士学位。

一、与女性学结缘

我是 2009 年考入中华女子学院的。时间过得真快，至今已经快 15 年了。毫无疑问，北京对我的影响是巨大的，女院对我的影响是巨大的，女性学对我的影响更是巨大的。

（一）初至北京的震撼

我一直感喟于，作为一名来自鲁西农村的女孩，能够到北京求学的人生际遇。初到北京读大学时，我有很多困惑，后来我自己和朋友们都将我的这种困惑戏称为“文化震惊”（culture shock）。从小在农村长大，我对城市生活很陌生，特别是在北京这座大都市，生活习惯、消费习惯、文化表达都与我此前的经历不同，我用了很长时间去适应。这两天看了《南风窗》一篇报道，讲的是华南师范大学谢爱磊教授所做的一项针对“小镇做题家”的研究。这项研究历时十年，深度追踪了上海、广州、武汉与南京四所“双一流”高校里近 2000 名小镇学生跃入都市就读、工作、生活的经历。其中花了很多笔触探讨农村学生进入城市求学的疏离、失落及“失去坐标感”。这种感觉对于我来说也很熟悉。当然，我算不上是“小镇做题家”，充其量也就是个“小镇做题渣”，可以说，面对的困惑只多不少。

很感谢同学们，我是在同学们的带动和帮助之下摆脱疏离感，重新找到坐标，积极地融入大学生活和都市文化，慢慢成长的。比如，当时我们班的王一哲同学经常约我去逛商场、吃火锅、逛书店，我是跟着她学会了很多城市生活的习惯和方式。那时我经常跟她调侃说：“我的城市化是你帮我完成的。”关于“失去坐标感”，我亦有一种非常直观的体会。我从小方向感就不好，向来分不清东南西北，但王一哲的方向感极好，每次我们出游，都是她带着我。后来，我曾经反思，为什么我会没有方向感。我得出一个未必准确但很契合生活经验的结论。那就是在我的家乡鲁西北平原上，田野都是一望无际的，是平坦、敞亮的，我的视野没有任何障碍，到达任何一个地标，都是目力所及的，不需要掌握复杂的标识系统。国学大师季羡林也出生在鲁西北的小村庄，他笔下的“小村庄”与我家相距不过10公里。他在名篇《月是故乡明》中写道：“我小的时候，从来没有见过山，也不知山为何物。”我小的时候也没有见过山，不仅如此，任何耸立起来能够遮挡住视线的物体都很少见到。在北京市区，阻碍我的自然不是山，但那些耸立的高楼对我来说也是陌生事物，是视线难以穿越的。我觉得，在家乡的生活是一望无际的，在小时候通常不足10公里的小小活动区域内，想去哪儿就可以看到哪儿，根本不需要掌握方向、四处找路。但是在北京则不同，任何一个地方都是眼力所不能企及的，必须依赖庞大的知识和技术系统。

困惑之外，北京带给我更多的是惊奇。我尤其对北京丰富多彩的文化活动、广阔的文化视野感到好奇。那种激动的心情是难以形容的。我第一次感觉到原来课本上学习到的、电视上看到的人、事、物离我那么近，我想这也是很多人选择求学、生活在北京的一个重要原因。本科、硕士阶段，我在北京各个大大小小的角落，听了无数场讲座。我经常流连于国家图书馆、首都图书馆、北京大学、蓝色港湾单向街书店、朗园等文化场所，包括离女院很近的中国现代文学馆，我也常去。我在这些地方听了很多作家、知名教授、媒体人等来自各行各业的优秀人物的讲座，感受到知识的丰富和视野的开阔。最主要的是，感受到之前那个存在于脑海中的遥远世界，忽然在我面前变得熟悉、鲜活且生动起来，人生中的任何理想与想象都不再是陌生的，而自觉是可以抵达的。

（二）学习女性学，是我的主动选择

初来北京，除了感受到首都的多彩外，我也感受到女院是一个温馨又能给予人力量的地方。在女院这个小小的校园里待了7年，我一直觉得，自己被女院保护得很好。当我想要到外面看一看时，地处京北四环的女院给了我这种便利；但当我感到生活的复杂和压力时，女院的小小校园又让我觉得十分安心。女院的校园不大，但很精致；女院的人不多，但乐学友爱。在女院学习和生活的过程舒适、温暖，积极阳光。我在本硕期间，一直有夜跑的习惯，几乎每天晚上，都在操场上跑四五公里。那个时候，我喜欢借着夜晚微弱的灯光观察操场上树木的变化，感受到随着一年又一年校园四季风景的变换，自己也在一点一滴地成长。

本硕期间我还有记日记的习惯，隔三岔五就会写一篇随笔，将我的所思所感、苦恼困惑、欢乐忧愁都写下来，也借此疏解自己的情绪与心结。本科时期是价值观与世界观发展的重要阶段，对自我身份的焦虑与对未来的困惑反复涌现，记日记成为梳理、确认自我的一个重要通道。我就这样为初入都市的困惑找到了一些自以为是的理由，稍有一些心理上的安慰。最主要的，还离不开同学们的陪伴和帮助。我们班的骆钰同学是与我心灵相通的好友，我们经常一起漫无目的地溜达，一起讨论社会和生活中的问题，后来我们还并肩战斗准备考研，她考到中央民族大学社会学系读研究生后，我们还经常见面。她给了我诚挚的鼓励、赞扬、关心和青春时期珍贵的友情。汤琦同学是我大学时期的密友，我们分享很多心事，经常彻夜长谈，疏解了很多成长过程中的愁绪。我们班的历任班长徐菁媛同学、林兰芳同学、代春梅同学和四年都“睡在我下铺的兄弟”钟易丽都在生活上给了我很多细心的关照。菁媛同学毕业后也留在北京，因为生活和工作之地离得都很近，我们一直关系密切，是将要相伴一生的好友。颜萍同学后来考入北京师范大学读教育学研究生。她是一个非常有韧性又善良温厚的人。她们一家后来到广州定居。我们虽然远隔千里，但交流从未中断，友情历久绵长。

大学时期的友谊是珍贵而永恒的，2009 级女性学班是一个平和、积极向上的班级，我们一起分享、共同成长。我特别开心大学阶段进入这样一个班级，很感谢在成长过程中遇到的可爱的同学们。

再说到女性学，我觉得能够遇到、学习乃至从事与性别研究相关的工作，是一种神奇且强大的缘分。无论是在思维视野的开拓、专业技能的提升，还是人生的重要选择上，女性学对我的影响都是深远的。

学习女性学，是我的主动选择。高考结束后，我想到北京读大学，但以我的高考分数，在北京只有女院合适，这一步的选择或许有一点点被动的成分，但更多还是内心的向往让我将目光锁定在这所特色学校上。在选择专业时，我和我的父亲共同商定、选择了女性学。父亲认为女院是一所非常有特色的院校，小而精，办学品质也很好，而在这所特色院校中，女性学无疑是特色中的特色、王冠上的明珠。“既然读女院，就要选最有特色、最王牌的专业。”这是当时父亲给我的建议，让我一直记忆犹新。和少数不知道女性学是什么，懵懵懂懂选择甚至被调剂到这个专业的同学不同，我选择这个专业时是非常清楚这个专业是干什么的，也清楚女院的定位，知道女院以及女性学就是要促进性别平等、推动女性发展的。对当时年少的我来说，这个愿景虽不十分清晰，但足够有感召力。

在女性学专业的学习，丝毫没有令我失望，可以说是大大超越预期。这首先在于专业建设方面，女性学拥有高水平的师资配置和科学完善的课程安排。我记得，当时我们大一新生还在昌平的北校区上课，开学第一课的新生见面会，就让我很震撼。系里所有老师一起到北校区跟我们见面，韩贺南老师是系主任，为我们介绍了各位老师。老师们个个学术素养深厚、待人温和，让刚入大学校门的我十分钦佩。在女性学系，大牌教授、专家直接给本科生上课，着实受益良多。韩贺南老师的西方妇女理论课程讲得深入浅出，还注重学生的参与性，充分尊重学生的思考和表达欲望，为我打开了妇女理论的大门；陈方老师讲的妇女发展与社会政策课程，既有来自社会性别视角的批判性，又有来自日常生活的建设性，她还特别注重培养学生对一项知识的系统性掌握能力，布置学生做课堂讨论时，总是鼓励学生全面详尽地学习所讲述领域的所有知识，成为“小专家”，这种训练对我日后工作很有帮助；孙晓梅老师拥有全球视野，十分关注社会政策制定，还是个身体力行的倡导者和活动家，在很多推动性别、家庭政策制定和实施的行动中都有她的身影，为学生作出了典范；罗慧兰老师的妇女史课程教会我们摆脱宏大叙事，运用平民视角，细致地观察日常生活中的历史，寻找女性的声音，这对我们看待生活、看待历史、平等地对待他人都大有裨益；张健老师锐利幽默、见多识广，给我们讲了很多趣闻，也给我们介绍了很多先锋的思想家，比如我第一次听说福柯就是在张老师的课上；魏开琼老师哲学积淀深厚，教授我们很多读书和写作的方法，她常要求我们阅读经典英文文献，这不仅丰富了理论知识，也成为我阅读英文文献的最早锻炼；于光君老师社会学和哲学的学养都十分深厚且自成一派，经常将中西方文化、哲学思想对读对讲，在于老师的课堂上，我获得了对社会学理论、方法以及西方哲学的系统学习，日常生活中与老师的交流也总让我有别有洞天之感；王向梅老师是我们的班主任，除了在生活上对我们关怀备至之外，讲述的课程也丰富生动，她讲授的妇女史课程带来很多历史研究方法的启迪，项目管理课程则颇具实操性。在女性学系接触的很多观点和视角都是破天荒的，给刚刚摆脱高考应试思维的我带来很大的冲击，内心每天都在感叹“居然是这样的”。比如，黄河老师的性社会学课程，开诚布公地跟我们谈性方面存在的性别问题，甚至涉及性服务合法化的争议以及同性恋等很多前沿议题。大四最后一个学期，我又听到了朱晓佳老师关于伊利格瑞思想的介绍，系统且先锋。

女性学还引入了社会学方面的课程，大一时，社会学系李洁老师给我们上的《社会学概论》课程对我的影响很大，启发了我最初“社会学的想象力”，也引发了我对自身生活经历的思考和审视。李洁老师温润如玉，是很多同学心目中的“女神”，也给我很多日常生活中的启发。王献蜜老师、石彤老师分别给我们讲授社会统计学和SPSS分析，这是在工作后还常用到的数据统计分析方法和工具。

大学期间，我还按照于光君老师课堂上提到的对《人民画报》自创刊以来的封面人物形象进行分析，观察女性气质和男性气质变化的提议，与徐菁媛、王一哲同学合作，写作了论文《时代变迁与性别气质变化——基于对〈人民画报〉封面人物的内容分析》，参加了第七届“挑战杯”大学生课外学术科技作品竞赛，竟然取得了北京市一等奖的好成绩，还入围了全国总决赛，在北京邮电大学参与了入围答辩。2013 年 5 月，临近本科毕业之际，我们还被邀请到北京工业大学分享了我们的小小研究成果，而与我们一起参与分享的都是来自北京各大名校的学生，当时内心充盈着小小的成就感。大三时，何爱丽老师还曾推荐我到全国妇联妇女研究所历史研究室实习，我在那里又进一步参与到具体研究项目中，学习了不少收集资料、开展研究的方法。

女性学系的专业设置科学、完善，从理论到方法，从论文写作到项目管理，既提升学生批判思考的能力，又教授学生解决问题的技巧和方法，广博又扎实，给我的助益很大。作为国内开设的第一个女性学专业，女性学系的平台大、视野宽阔，能够亲见各路“大咖”，这激发了我学习的兴趣和动力。比如，女性学系的很多研讨会都是与国内外各大知名高校、科研院所合作召开的，这让我多了很多跟进前沿、接触“大咖”的机会。本科阶段，老师们还常邀请国外著名学者到女性学系访学、任教，给了我近距离接触国际领域卓越研究者的机会。

更值得一提的是，研究生阶段，因为我是学校唯一一个社会性别研究方向在读的研究生，享受到的都是单独授课的优待。石彤老师单独为我讲授社会学方法课程；甚至时任中华女子学院院长张李玺教授还亲自单独为我讲授了性别研究的前沿课程，上课地点就在校长办公室。这种“待遇”想必在其他任何一所学校都是难以想象的。有一段时间，我还在刚到女院工作的范譞老师的带领下，进入北京大学社会学系社会性别研究生圈子，参加过多次北大的读书会。我还参与了女院女性图书馆的口述史访谈项目，有幸采访了北京红枫妇女心理咨询服务中心创始人，也是国内推动性别平等的前辈——王行娟老师，从她身上我获得了巨大力量。

在女性学专业学习的重要平台和顶级资源，为我后来进入中国妇女报社（以下简称妇女报）工作提供了直接助力。硕士毕业进入妇女报理论部工作，日常一个重要任务便是向各大高校、科研院所的研究者约稿。我在女性学系学习的过程中，已经在各种会议、活动和老师的引荐下，接触过专业领域内的很多老师，进入报社工作后就十分顺手了。我很快就掌握了约稿、编稿的流程，当时报社正缺人手，我能够快速“上手”缓解了岗位上的“人力紧缺”问题，也得到了报社领导的肯定。因为女院图书馆的口述史项目，我与王行娟老师结缘，后来，还得到王老师抬爱，参与了王老师主编的《女性主义与心理咨询》一书的撰写。

除了专业素质的培养外，我在女院得以接触的老师，也都具有强大的人格魅力。言传身教，老师们所具有的道德修养、处世哲学对我的成长至关重要。各位老师不仅是我专业上的引路人，更是我人生的导师，让我深刻地感受到，作为一名性别研究者，一个崇尚性别平等的人应该具备什么样的理念、素质与修养，怎样过一种平等、包容的生活。

当然，女性学还是一门基础性学科，又经常从社会性别视角审视现实生活，有时也会让我产生理想与现实之间的落差感。我也曾为此感到困惑。我应对这种困惑的方法就是写日记和读书。再焦虑的事情，读完一本书之后，都觉得十分释怀。同时，也正是在这些困惑和焦虑中，我才一步步思考清楚自己未来生活的方向，获得面对真实自我与复杂生活的力量。我记得于光君老师曾在课堂上说过“焦虑使人进步”。诚然，没有这些困惑和焦虑，我也不会有对生活的清醒认识和对人生主动的掌握。于老师的这句话还缓解了我关于焦虑的焦虑，让我与年少时期那个时常焦虑的自我和解了。

我十分感激与女性学的漫长相遇，这种相遇必将贯穿我的整个人生，成为我人生所收获的最大的一个缘分。其实，在过去多年的学习、工作和生活中，我也无数次设想过：假如高考结束后，我没有选择女院女性学会怎样？我或许会遵从当时多数人的选择，进入地方的一所高校，选择一门类似英语、财会、法律、管理类的专业。我或许不会有很多类似“专业不对口”“怎样成为一个独立女性”的困惑，但毫无疑问，我也不可能拥有广阔的视野，很难培养批判思维的能力，在成长为一个坚定、独立、自知的人的过程中也会走很多弯路。

二、成为一名媒体人

硕士阶段，我没想过会成为一名媒体人。因为，我自本科阶段开始，就对性别研究有浓厚的兴趣，一直希望能够一鼓作气读完博士。硕士阶段，我也希望能够继续读博，还试图申请国外的博士，考了托福和GRE，但在最后申请阶段却动摇了：一则因为没有申请的经验和信心，二则考虑到国外读博的艰苦与漫长，更深感一入学门深似海，忧心于选择学术生涯后会有很多未知的风险。于是，在2016年将要毕业的最后三个月，完成硕士学位论文的写作后，我决定开始找工作。

（一）求职时的试探

当时，我找工作的时间点已经很晚了，媒体上每到毕业季都在宣传“最难就业季”，找工作并不容易，我也十分焦虑地在各大高校的招聘会上四处投简历。当时找工作的一个难题，就是女性学及社会学专业直接对口的工作并不是很多。但是，我在比对与思考后觉得，这也可以转化为一个“优势”：虽都不严格对口，但也都离不开专业学习的基础素质。

虽说我找工作的时间不长，但投的简历也不少。我打听了同学们找工作的情况，认为咨询行业、HR（人力资源）、教育行业、“大厂”运营都是可以考虑的方向。刚开始时，我对咨询公司十分感兴趣。硕士阶段的同学也有在教育咨询和社会调查公司实习、工作的，我就考虑了咨询行业的工作。但投了一些简历都无音信。后来据在某调查公司工作的同学说，调查公司起步时加班严重、薪水也不高，我就没有着重投递这一方向的工作。

打听到有很多社会学专业毕业的学姐们都在做HR（人力资源），当时硕士同学马璐璐在北京找到了一份国企HR的工作，经她推荐，我也试着投递了这家公司，但并未被录取，后来我询问招聘方，他们回复说想要招聘一名理工科的男生。后来，又投递并面试了某大型地产公司的HR，二面之后被刷掉了。我便只好作罢。

后来，我陆续投递了教培行业的很多岗位，但总觉得教培行业的工作模式与我的习惯并不相符。经过陆续的投递和摸索，我将我的择业方向锁定在与文字工作相关的职业，自觉这种工作比较符合我的兴趣。转为这一赛道后，我投递的一些小型杂志的工作还相对顺利，有两家杂志社通过了面试。

2015年5月，当我发现妇女报在招聘编辑、记者时，考虑到专业十分对口，而且可以继续从事与妇女相关的工作，便怀着极大的热情递交了简历，不久收到了笔试通知，然后依次经过面试、政审、体检、公示环节，进入了妇女报工作。找工作的过程是焦虑且艰难的，但确定自己的兴趣与所长，做自己热爱的工作或许是最关键也是最重要的。

人生中的很多选择，都在偶然之中夹杂着必然。到妇女报工作是很多偶然因素促成的，但冥冥之中也有一种必然的安排：首先，我十分坚定地想要留在北京。在北京求学7年，硕士毕业后，要留在北京是我笃信的想法。北京工作机会多是一大因素，所学专业决定了我多数要从事文化行业，而在北方城市中，北京的文化产业最发达、就业机会最多；此外，我十分喜欢北京丰富多彩的文化活动与文化气息，加之家乡离北京很近，这些都促成了我要留在北京的想法。其次，另一种隐隐的“必然”在于，从事媒体行业也是我少年时期的梦想，能够了解世情百态，关心人们的生活，是我少年时期的热爱，而这个工作机会进一步激发了我的这种热爱。

（二）与性别研究再续前缘

我十分幸运能够进入妇女报工作。妇女报是一家中央媒体，有着比较大的发展平台，可以参与很多关系国计民生的大事的报道。最重要的是，妇女报算得上媒体圈中最关心妇女儿童权益的一家报社，与女性学学习的经历相吻合。能够将所学运用到工作中，而且所学亦所爱，实在是一种莫大的幸运。

妇女报给予年轻记者／编辑很多机会，初入报社我便参与了“纪念红军长征胜利80周年”的主题报道，在7年的工作生涯中，我参与了多个大型系列报道，还分别于2019年和2022年参加了全国两会的报道。这些报道经历锻炼了我的采访和写作能力，也增加了我的阅历，更让我能够深入社会实践中，观察和思考妇女发展的真实情况。

除了一些偶发性的采访报道任务外，2016年7月—2022年8月，我在妇女报主要从事理论版《新女学》周刊的编辑工作。《新女学》周刊创刊于2012年，创始人禹燕老师（后任妇女报副总编辑）致力于在性别研究学界与公众之间搭建一座桥梁，推动性别研究成果的“新闻化传播”，于是便创办这样一份兼具学理性与趣味性的理论刊物。我非常荣幸于2016年加入《新女学》周刊编辑团队。在《新女学》周刊的工作，极大地增加了我性别研究方面的知识积累，并且能够借助报社平台参与很多重要的学术会议报道，比如报道世界女哲学家论坛、世界文明论坛、国际关系女学人论坛的召开情况等，我也得以广泛地联系国内外高校的性别研究学者，及时跟进性别研究动态，继续学在其中、乐在其中。

妇女报的工作给我一个运用所学的机会，也给了我一个谋生的“饭碗”，极大缓解了我关于现实与理想不相融合的焦虑。这是一份有意义的工作，也是一份十分安稳的工作，让我在京漂泊的生活有了一丝安定感。

得益于在性别研究方面的专业知识积累，也幸得报社领导栽培，我自2020年开始参与热点性别、妇女、儿童相关事件的评论工作，这给了我一个更深入地观察性别热点事件演进的角度。评论写作与学术写作有很多相似之处，又有很多不同之处。学术写作要力求论证严密、判断准确，但评论写作要求旗帜鲜明地表达观点；学术写作阅读群体相对较小，且处在一个理性讨论的圈层文化中，可以自顾自言说，但评论写作要第一时间面对公众／网友，经受网友的评论，写作风格的转变为我参与这项工作增加了不小的难度。特别是在2022年8月—2023年7月，我调到妇女报总编室从事了一年的新闻编辑工作，更感受到不同文体转变的困难。

这时，在女性学系学习的经历给了我不少启发。我试着将所有针对同一事件的媒体评论全部收集起来，展开“文本分析”，对其中表达态度的方法、论述的角度与风格、所引用的理论，以及抛出理论的方法进行揣摩，反复练习，逐步适应评论写作。我想如果没有在女性学学习中，大量课堂练习中所要求的“小论文”“presentation（陈述）”的训练，那么我很难掌握这种系统学习的方法，也很难养成不断学习的习惯和能力。

评论写作让我有更多机会直面舆论场中的性别问题，把握性别议题讨论的舆论水温，也让我获得了一些参与公众讨论、传播性别平等理念的效能感，激励我在一个更为综合的平台上参与讨论。我也希望所写的性别评论能够“破圈”，走出自说自话的小圈子，真正成为面向公众的传播。因此，我后从妇女报辞职，进入新京报社评论部专职从事了一段时间的评论工作。其间，我更加系统地学习了评论写作的方法，对如何寻找热点选题，如何选择评论角度以及如何传播有了更深的体会，也有幸接触评论圈很多优秀的评论员。在他们的带动下，我的新闻敏感性和参与社会的兴趣都有所提升。

（三）复入象牙塔

得益于妇女报理论部工作的经历，我在几次约稿、采访过程中，结识了北京外国语大学国际关系学院李英桃教授。李老师是国内最早从事性别研究的国际关系学者之一，她关于女性主义国际关系理论与方法的著述很前沿、影响力也很大。我也觉得性别研究最主要的还是要处理权力问题，而权力是政治学研究的核心。在西方性别研究中，从政治学领域考察性别关系也是主流。我想，或许从政治学的角度看待性别会很有收获，便向李老师请教。看到我有读博的兴趣，李老师鼓励我试一试。我于是于2022年11月向北京外国语大学提交了博士报名表，并于2023年5月顺利通过博士考试笔试与面试，2023年9月正式进入北京外国语大学开始了我的博士生涯。

学校从女院换到北外，专业也从社会学转向了国际关系。作为一个政治学的门外汉，这对我意味着不小的挑战。但支撑我的是，获得了从全球视野下理解各国妇女发展进程视角的兴趣，以及在女性学的学习中，所积累和培养起来的迎难而上、不断“向前一步”的勇气。

我很喜欢女院的校训——“崇德、至爱、博学、尚美”，既有坚毅之气又有纯臻之美。进入北外学习后，我也很喜欢北外的校训——“兼容并蓄，博学笃行”，我觉得这几个词写出了每一个青年人都应该具有的品德、情怀与素养。无论女院还是北外都具有强大的“红色基因”，是为国家培养专业技术人才的地方，这也格外增加了北外对我的吸引力。在北外，我也时刻感受到挑战，北外学子语言能力都超一流，综合素质也很强，无论是课堂讨论、作业展示还是日常交流都显示出精湛的专业素养。加之，我是在工作 7 年后又入校园，年龄上大很多，更有危机感，只能紧追“00 后”们的脚步。北外是一所非常具有国际视野的学校，培养了大批活跃在国际舞台的人才，而我也特别想在这种环境的熏陶之下，深植家国情怀，拥抱全球视野，锤炼专业本领。

三、赤诚生活

如果说致力于建设一个性别平等世界的宏愿略显遥远的话，如何将所学的理念应用到日常生活中，就是每一个女性学系的学生所要面对的课题。2023 年，我在妇女报的同事兼好友范语晨翻译了一本英文作品《过一种女性主义的生活》，此书为如何在日常生活中践行平等理念提供了方案。而这是朋友、同学们在一起经常讨论的话题，也是我希望在生活中践行的原则。

（一）建设独立平等的伴侣关系

在女性学系的课堂上，婚姻与家庭是一门必修课，也是很多老师倾力的研究领域。主讲这门课的陈方老师，给了我们很多关于在婚姻与家庭生活中实现性别平等的建议。这些建议影响了我婚姻生活选择的方方面面。我认为婚姻应该是两个平等个体的相互合作与支撑。因此，在伴侣的选择上，我将互相尊重、能共同成长视为一个非常重要的因素。我丈夫也是山东人，来自孔孟之乡山东济宁的一个农村家庭。他是一个能够与我共担家务、十分爱操心，也善于操持家事的人。在日常生活技能上，他比我要强很多，我们家很多琐碎的事，都是他在操心，比如，他会记得定时为家里的智能门锁充电，也会清晰地记得孩子疫苗接种的情况。

我和丈夫的家庭背景、学历水平、生活习惯、价值观念、认知能力都差不多，拥有共同成长的空间和可能，这是我选择进入婚姻的重要因素。在物质方面，我们基本遵循了上一代人的"三无"状态。结婚时，没有房子、没有车子，也没有盛大的婚礼。我们在我丈夫的老家，距离孔子出生地不足10公里的一个小山村举办了婚礼。这场婚礼没有城市婚礼的豪华，但中西合璧，既引入了现代婚礼的礼仪，鉴于孔孟之乡对传统礼俗保持得还十分完整，也加入了很多传统婚礼的环节。婚礼并不盛大但很热闹。我对于婚礼是没有任何浪漫想象的，本想不办婚礼，但为了照顾家中父母的想法，就完全按照我丈夫的策划和意愿，"出演"了一场婚礼，也算是圆了老人的心愿。

婚姻生活中，我们互相尊重、互相支持。刚领完结婚证，丈夫便在山东青岛得到一个他颇为满意的工作机会。他认为这是一个可以全方位锻炼和提升的平台，心向往之。他征求我的意见时，我毫不犹豫地同意了。我认为这是他的选择，我不应该阻拦他。加之我一直是一个很独立的人，有信心独立地处理工作和生活中的事务，就一直支持他的选择。同样地，2023年，我从妇女报辞职想要读博时，也得到了我丈夫的支持，他也尊重我的想法。我读书期间可能因收入降低导致家庭经济拮据，他也承担起了主要的压力。

我和丈夫于2019年5月结婚。当时北京房价仍处于高位，对于刚工作没几年的两个年轻人来说依然望尘莫及。2020年10月，我发现怀孕了，怀孕后就面临给孩子落户的问题，这时，我们不得不把买房子提到日程上来。2021年3月，我们在朝阳区青年路附近买了一套两居室。房子是婚后财产，首付和贷款都共同承担。我们买房也没有得到双方家庭的太多支持，主要靠两个人工作后的积蓄。我丈夫自2015年于北京交通大学硕士毕业后，就一直在企业工作，比我在报社的收入高一些，在房贷和首付中，他出的钱都要比我多一大部分。整体来说，我的婚姻生活颇为传统，或许没有太多“90后”“00后”年轻人的浪漫与潮流，但有风雨共担、互相扶持、合作共赢的动人篇章。我们都保持人格独立，既不需要对方提供情绪价值，大部分时候也不会心存怨怼。社会学的学习告诉我，浪漫之爱是现代社会制造出来的。激情很难保鲜，所谓“浪漫”或许也不具有太多实质性意义，但互相体谅、互相理解、互相扶持却是所有良性关系不可缺少的底色，也更值得信赖。基于女性学的学习中对婚姻家庭关系的深刻剖析，特别是恩格斯在经典著作《家庭、私有制和国家的起源》中对婚姻所具有的压迫女性本质的透视，我早早就摒弃了一些陈旧的爱情戏码，对婚姻并不抱不切实际的渴望与想象。事实上，恰恰是因为摒弃了对婚姻的“非分之想”，反倒让我能够没有太多负担地进入婚姻，并在婚后面对日常生活中的鸡毛蒜皮时，拥有整合琐屑日常、寻找生活真意的意愿与能力。

（二）相扶相持的“临时家庭”

我与丈夫自婚后一直是两地分居，他在山东青岛，我在北京。2021年7月，我的儿子也在青岛出生。儿子出生后，一直由婆婆帮忙照看。婆婆从山东来到北京，成为“老漂族”。因为我与丈夫两地分居，孩子出生后，主要是跟我在北京生活。于是我们有了一个不那么常见的家庭结构——我、儿子和我婆婆组成的“临时家庭”。我在妇女报的工作时间相对灵活，便和婆婆相互合作着带娃。2024年年初，婆婆又得了风湿病，她本身就患有高血糖、高血压和高脂血症，风湿病来袭，她有持续20多天的时间高热不退，先后在地坛医院、朝阳医院住院检查后，经过治疗，病情渐趋平稳，但很难再独立带娃。加之，我从妇女报辞职后，时间相对没有那么充裕。这时，只能让公公也从山东赶到北京，一起帮忙带娃。

生孩子之前，没感觉到婚姻对女性的影响。生孩子之后，因为要承担抚育的任务，慢慢感受到生育和照料对于女性精力的幽微且细碎的消磨。生娃之后，精力不似之前那么集中，因为照料孩子需要付出很多零零碎碎的时间和心思。之前看到一篇报道，一名职场妈妈谈道："生孩子后，我有一个关不上的房门。"这一点我也深有体会。有了孩子后，回家就进入了另一个战场，要开始"第二轮班"，难以拥有自己的时间和空间。在家里很难打开电脑、拿出书本，房门是关不上的，因为孩子随时会闯入或站在门外大哭。可见，女性实现经济独立后有了"一间自己的屋子"，也可能会在生完孩子后，面临"关不上房门"的窘境。

生娃之后，我们的家庭变得"庞大"起来。城市双职工家庭很难兼顾照料孩子，只得求助于双方父母。于是围绕育儿这个中心任务，家庭成员越来越多，要处理的琐事也越来越多，代际冲突不可避免。公婆在生活理念、知识见解方面与我们的差异还是很大的，难免有摩擦。但我向来觉得，为人处事要看"基本盘"，公婆都是很善良热心的人，人品端正，我也自认为是个直脾气的好人。所以，即便偶有摩擦，我们相处的整体过程也十分平顺融洽。2024年年初，婆婆住院20多天，起初也多半是我四处奔走，带着她跑医院。因为我长期跟她生活在一起，十分熟悉她的各种病情，医生问到我婆婆身体状况的具体细节时，都是我来出面解释，我丈夫都不如我掌握得清楚。婆婆出院后，又要服用很多药物，每天所吃各种各样药片将近30粒，我怕她记不清楚服药的方法和时间，便买了药品分装盒，承担起为她分药、买药、定期去医院复查的任务。当然，婆婆也因照料孙子付出很多。她为此背井离乡来到北京，在交往圈层、文化水平、生活习惯上，她都有比我初入北京时更难以逾越的障碍。她不仅需要在日常生活中融入，更因为在北京"一个人也不认识"，而在精神上处于几近孤岛的状态。我深知，这都是需要我们体谅和安慰之处。在照料孩子方面，婆婆也尽心尽力，一个人拖着并不十分硬朗的身体，承担起了买菜、做饭、遛娃、打扫卫生的重任，十分不易。我也为此十分感激，倘若没有公婆伸出援手，我很难在生完孩子后还"使劲折腾"。

我婚后的家庭生活可以充分显示出中国家文化下，家庭所具有的强大功能和灵活的伸缩性。围绕着生老病死，家庭的组织形式可以权宜性地变化，家庭规则与规范可以动态调整，但养老抚幼、延续生命的家庭核心理念和精神价值却始终坚固矗立。

（三）新生命成长的惊喜

儿子的出生，让我体会到新生命的活力。此前，我一直非常不理解也不认同一种说法，那就是认为人生最大的成就是自己的孩子。有了孩子之后，我依然不认为应该将自己人生的成就与价值寄托在另一个生命之上。但我却能理解，为什么很多人在被问及最大的成就时，脱口而出的是孩子。因为平庸的生活乏善可陈，而新生命的成长却总是日新月异，时时充满惊喜。我总能在孩子身上看到新的变化，无论是身体成长还是语言、智力的发育都时有“质变”，让人欣慰。孩子对我的依恋，也让我更多了对孩子的呵护之意。我体会到一个幼小生命初期所需要的爱心与耐心，也十分感谢儿子所给予我的毫无保留的爱。我们总强调父母对孩子的爱与付出，其实孩子对父母的爱也是很动人的、奋不顾身的。

在培养孩子的过程中，我也很注重性别平等理念的传递。我会打破社会中一些常见的说法，比如，我有时会说“警察阿姨”“司机阿姨”“护士叔叔”，避免他产生性别刻板印象。我也注重培养他的动手能力，让他享受做饭的乐趣。我希望他也成长为一个平等、包容、温暖的人。2024 年 9 月，他就要上幼儿园了。我这两天刚给他报上了家附近的幼儿园。这家幼儿园的特色是“角色性主题游戏课程”，主要强调孩子兴趣的发掘，并不会逼迫孩子学太多所谓的“知识点”。我觉得这种理念很好。我不想给孩子太多的限制，希望他能够尽可能自由地探索自己、发掘所长、做自己所热爱的事情。这也是一种越来越被大家认可的理念。我希望自己未来也不会成为一个“鸡娃”的焦虑妈妈。

一生的道路很长，现实生活中的压力很大，特别是走向社会后，要面对的人和事都复杂很多，但我希望孩子能够始终赤诚坦荡、满怀热望地拥抱生活，拥有充满爱与阳光的人生。

四、理想与未来

关于生活的理想或者理想的生活，好像是一个特别容易回答的问题，实则是一个很难回答，甚至一生都找不到答案的问题。前两天，我问儿子："你长大了想干什么啊？"他说："变小。"童言无忌让人忍俊不禁，又觉妙不可言。人生可不就是这样吗？小时候想长大，长大后又想变小。关于理想，有的智者很幸运，很小的时候就拥有自己的理想，再加上一些勤奋和坚持，长时间践行下来，就可能成就一番大事业，但有人却用一生寻觅，始终不知道自己想过什么样的生活。

关于理想，我现在依然没有十分明确的答案。这个问题的另一种回答通常是，"你或许不知道自己想要干什么，但是知道自己不想干什么"。前段时间看到北京大学新闻与传播学院胡泳教授全职照顾85岁患有阿尔茨海默病母亲的一则采访视频，他说"我是很不容易丧失意义感的人"，这句话很让我深思。即便在烦琐的对失能老人的照料中，胡泳老师也能找到意义，或许是因为他拥有对生命最深刻的体察、同情和珍视。但对于年少时的我来说，却常常感到意义的缺乏。可以说，我是一个很容易丧失意义感的人。我不十分明确地知道自己要干什么，却有太多事情让我感到幻灭和无意义：重复的工作让我觉得没有意义，琐屑的日常也常让我觉得没有意义，以至于我直到现在还在探求我理想的生活。

关于未来工作的展望，我现在依然处在迷茫中。本科和硕士阶段，我也十分迷茫，工作后拥有了一些生活的安定感以及对未来的掌控感，也暂停了焦虑和迷茫，但几年之后，略显枯燥的工作让我丧失了意义感，现在我依然处于意义缺失的迷茫中。我现在在读博士，但也深感学术圈如今非常"卷"，无休止的项目和论文让人“卷不动”，又深陷意义缺失的泥潭。和很多年轻人一样，我就是这样容易情绪低落，常常不知所措。

现在在北外，很多同学都会进入国际组织工作。北外也有专门的国际组织学院，我参加过国际组织学院的讲座，日常也接触一些国际组织相关的信息。自2018年开始，我还有幸受聘为联合国儿基会驻华办事处的性别顾问，负责审核联合国儿基会出版物中存在的一些性别偏见，也拥有了与类似联合国儿基会这样的国际组织深度接触的机会。我想，未来，我可能会选择到一些与妇女发展相关的国际组织工作，继续为妇女发展作出一些贡献。

五、对女性学发展的展望

对于女性学，自然希望她越来越好。虽然，在平时讨论甚至一些研讨会上，性别问题常常陷入“你对还是我对”“你赢还是我赢”的争吵，似乎很缺少学理规范。但性别研究实则是一门非常高端、非常前沿的学问。当下，无论是在国际事务中，比如巴以冲突中妇女的安全问题，还是一些大型企业的发展中，性别问题都逐渐被纳入主流。此前，我总认为，从事性别平等相关的研究与工作，完全是出于道义，只是因为这样是正确的，但现在我越来越意识到，这样做不仅是正确的，也是聪明的，不仅是符合道德标准的，也是符合成效标准的。比如，很多跨国企业都制定了企业文化多元化战略，而其中性别多元化是最常被提及的，因为多元化意味着观点的碰撞、思维的创新，是可以转化为生产力的。

我此前看过美国高校学习 gender study（性别研究）的学生主要从事的工作，多是一些介入社会事务，为社会发展提供咨询、建议的引领性工作。我希望未来，女院女性学系也能够建设成为高端、一流的专业。培养出来的学生可以进入社会和企业的决策层，参与到政策制定和实施过程中，为社会进步和女性发展作出卓越贡献。当然，这个愿景的实现，不仅需要女性学系师生的努力，还需要来自社会层面的支持。

六、给学妹们的建议

我不是一个喜欢且善于给别人建议的人，总是害怕自己的见解太短浅而贻误他人。接下来要说的就不当作建议，权且算是一种个人经验的分享吧。

最近又值高考季，高考志愿填报颇受关注。在这种焦灼时刻，选择一个就业前景好的专业似乎就是王道，这无可指摘。但是，我依然觉得应该怀抱一点儿理想，从世俗眼光中稍有超脱，对未来做长远的规划和打算，并为实现长远目标做持之以恒的努力。这说起来很容易，但实践起来确实步履艰难，只有坚韧不拔的人才能达到。这一部分人可能是少数，希望女性学的学妹们能够敢于成为少数。

在具体技能的准备上，我觉得打好专业基础，训练好读书、写作、表达的基本功是十分重要的。工作多年后，我发现能够在职场上脱颖而出的人，其实还是基础素质过硬的人。我觉得，女性学与社会学对思考、分析、书写和表达的训练是非常全面的。这种系统思考、持续学习、解决问题的能力是立身之本。

我也发现，这几年，类似女性学、社会学这种基础性社会科学的就业领域在不断拓宽。我毕业后一直在媒体工作，知道很多传统媒体人都转型去做HR（人力资源）、PR（公共关系）和 CSR（企业社会责任）了，这些行业是非常需要具有社会学素养的人的。而这些岗位一般也都集中在大型企业，包括这几年炙手可热的“大厂”中，这或许是因为只有大企业才有搭建完善团队，展望未来的视野和能力。我硕士毕业找工作时曾尝试的运营、咨询行业也是社会学专业背景毕业生聚集之地，包括媒体行业与公益行业。可以说女性学 / 社会学专业的毕业生是“广阔天地，大有作为”的，只要有过硬的专业本领，一定可以拥有自己的一席之地。当然除了专业学习外，也要注重谈判、表达、组织与领导能力的提升。

另外，女性学所传递的平等、包容、关心少数、关怀弱者的理念和观点，是可以让人终身受益的。平等、包容、关心弱者，不仅是一种利他的道德品质，也可使我们看到生命中更多彩的颜色、更闪光的质地。祝愿学妹们可以收获丰富饱满有质地的人生。

访谈员后记

在与刘天红学姐的深入交谈中，我作为访谈员，不仅记录了她的个人经历，更深刻体会到了女性学专业对她的影响以及她对这个领域的深刻理解。天红学姐的故事，像一面镜子，映照出了女性学专业在现实生活中的多重面貌和深远意义。

天红学姐选择女性学专业，并非一时兴起，而是经过深思熟虑的决定。她看到了这个专业背后所蕴含的社会价值和实践意义，以及它如何帮助人们用不同的视角去审视和理解世界。在她的讲述中，我感受到了女性学不仅仅是一门学科，更是一种生活态度，一种对社会公正和性别平等不懈追求的精神。

在留京工作的日子里，天红学姐凭借女性学的专业素养，在媒体行业中找到了自己的位置。她用女性学的理论框架去分析社会现象，尤其是性别议题，为公众提供了新的思考角度。她的经历让我明白，女性学专业的学习不仅限于课堂，更在于如何将所学知识应用到实际工作中，去解决现实问题。

天红学姐对未来的展望和对学妹们的建议，充满了对专业的热爱和对后辈的关怀。她鼓励我们不仅要深入学习女性学的理论，还要拓宽视野，学习其他相关领域的知识，以增强分析问题的能力。她的话语中透露出对持续学习和适应变化的重视，这些都是她在职业生涯中积累的宝贵经验。

通过这次访谈，我更加坚信，女性学专业不仅能够帮助我们更好地理解社会，还能够指导我们在职业生涯中做出更有意义的选择。天红学姐的故事是对这一点最好的证明。她的经历不仅激励着我们这些后来者，也让我们看到了女性学专业在推动社会进步方面的重要作用。

在未来的工作中，我希望能够继续记录更多像天红学姐这样的故事，让更多的人了解女性学专业的价值和影响力。通过这些真实的口述史，我们不仅能够看到一个个体的成长历程，更能够感受到一个专业如何塑造个人，以及个人如何通过自己的努力去影响社会。这是一份关于成长、挑战和希望的记录，它将激励我们继续前行，为实现性别平等和社会公正贡献自己的力量。

通过刘天红学姐的口述，我们看到了女性学专业在理论与实践中的交织，以及它如何影响一个人的生活轨迹。她的故事不仅是一个个体的奋斗历程，更是一个专业如何塑造个人，以及个人如何影响社会的生动例证。这是一份关于成长、挑战和希望的口述史，它将激励我们继续探索女性学的深度，为社会的进步贡献我们的一份力量。

初心与力量的结合：我与女性学的故事

——2011级女性学专业毕业生汪昊宇

访谈时间：2024年4月5日13:30—17:40

访谈地点：北京市M stand咖啡馆（北京大屯店）

受 访 者：汪昊宇

访 谈 员：薛　静（妇女发展学院女性学系2022级本科生）

人物简介

汪昊宇，出生于安徽省桐城市，已婚未育。本科就读于中华女子学院女性学系，硕士就读于北京师范大学教育学部，2018年6月毕业后至今在西苑出版社工作。

一、刻骨铭心的女院时光

（一）“阴差阳错”地踏入女性学

我的爸爸妈妈是很开明的。虽然我是独生女，但是家里人非常支持我出远门上大学。他们觉得在北京，人的眼界会更开阔一些。相比平时的成绩，其实我高考考得不是太好，但是我又不想复读，因此，填报志愿就显得很重要。我的成绩比一本线稍微高了一些，填报不了特别好的学校，当时可能更关注的是比较好的二本院校，比如浙江传媒学院的好专业等。当时中华女子学院只有女性学是一本专业，我对这所学校也完全不了解，但是我爸爸妈妈特别感兴趣。当时爸爸妈妈的出发点可能更多是看中了学校背后“全国妇联”这块招牌，无论从学校性质还是未来发展来看，这似乎都是一个还可以的选择。因此他们帮我筛选第一轮学校时，就说“你可以考虑看看”，我当时也没想很多，觉得女性学还挺新奇的，就“阴差阳错”地选择了女院，选择了女性学。

（二）“女性学”刻在身上的烙印

我像绝大多数的大学生一样，享受着在女院的时光，既有学业上的充实忙碌，也有课外活动的精彩纷呈。学业上我保持着勤奋努力，以前成绩平平无奇、对学习毫无感觉的我，倒是在进入大学后有点儿“开窍”的感觉，到最后一年甚至拿到了“国家奖学金”。光是这一点，我就觉得自己没有辜负四年的大学生活。我还积极参加各种活动，从“挑战杯”比赛、学校每年的社会实践活动到感兴趣的社团、各种志愿活动，充分燃烧了一个年轻人的热情。

女性学总体属于社会学的范畴，因此专业课程上有很多社会学理论及方法的内容，这些不仅影响到我日后学业方向的抉择，还内化为我日常的阅读、学习偏好，使我积极关注社会，学会用理性、包容的思维了解社会。我尚记得，当年一位老师说，从数量级别上来看，把中国所有的女性列出来，取数量的中位数或者平均数，一定是那些最普通的女性，大概率还是农村女性，她们是中国女性的代表，但她们的声音往往并不能被人们听见。我尚记得，于光君老师告诉我们思想是有光的，那种光你得慢慢发现，需要你去品，而且很耐品。虽然现在我们的生活不会有太多交集，但我们都还传承着他当年在学校里面给我们带来的东西。我还非常尊重和喜爱女院的校训——“崇德，至爱，博学，尚美”，因它包容万象，更难得的是强调“爱”和“美”。“温柔能够改变世界”，不但是我在演讲上听到的震撼人心的一句话，而且悄悄种植在我的心中，在以后的日子里影响工作、生活等方方面面。

综上，我更想说的是，如今我回头看去，对我触动最深的不仅是一个个具体又鲜活的记忆片段，更是每个片段背后，“女性学”这个学科或概念开始在我身上留下的烙印。就像现在网络上很流行的说法，那个时候学到的、感受到的，兜兜转转多少年后，仍然不断直击我生命的靶心。

二、转变方向的考研之路

（一）机缘巧合变化方向

到大三下学期的时候，身边的人都在面临不同的选择，就业、考公、考研……有人清醒，有人迷茫，于我而言，后者的占比更多一些。我总是那个有些后知后觉的人，在实在不知道确定什么方向时，遵从自己的相对优势和内心偏好，选择考研这条路。

考研时期我压力很大，但总体我还挺幸运的。当时我受于光君老师影响比较大，刚开始是想延续女性学的方向去考社会学。我的想法没有太多，就自己搜各种资料，而且哪所学校的社会学好，就往哪里报。但是通过短暂学习后，发现自己在西方社会学理论方面基础比较薄弱，很多地方理解不透。我发现，作为兴趣来说，社会学是可以的；但作为学问来说，我好像有点儿吃力。我想，这怎么办呢？这时，女院举办了一场考研成功的学姐们的分享讲座，我去参加了。有位学姐考上了北师大教育学专业。我想着教育学还真没考虑过，可以试一试。我又看了看教育学的考研参考书，没有太多障碍，而且同社会学的学科基础有很多共通之处，就火速转移了赛道。从社会学跨到教育学，难度没有那么大，在此过程中我对教育学愈发感兴趣，于是我完全投入赛道备战。

考研路上有一点挺有意思的。我的笔试成绩并没有多出彩，过了分数线，好像只高了 8 分，是排在倒数第二名进了面试，竞争非常激烈，仍然非常危险。然而在面试时，我的专业背景，也就是女性学学科赋予我的扎实的学术能力、较为成熟的社会科学思维，以及包容、专注、探索的求知态度，吸引了面试现场大部分老师的注意。后来我发现，我是所有面试人员中唯一一个和社会学学科有关联的人，而这正是日后我钻研的学科方向必不可少的条件。凡此种种，皆可谓机缘巧合。

（二）女性学力量的持续

虽然转移了赛道，但我并没有因此而舍弃女性学。刚考上的时候，我发现身边有很多从各大高校考过来或者保研过来的优秀同学。说实话，女院人在此中间并没有多大的优势，可我从未因此感到自卑。相反，我会在每个新课堂的自我介绍环节，骄傲地介绍我的本科学校和专业，基本意料之中地，能吸引很多老师和同学的兴趣。能够将“女性学”这个小众名词推广出去，我觉得是每一个“女性学人”义不容辞的责任。

教育学也有和社会学交叉的部分，属于综合学科。除了基础的专业课，我也会优先选择一些交叉或综合的选修课。在碰到有专门研究性别问题的老师时，我更是十分激动。我还会同其他坚持女性学研究道路的同学保持联系，咨询性别研究的前沿情况。此外，对我个人而言，女性学的内核开始慢慢在我身上产生作用。随着年龄的增长，我开始越来越善于将性别研究的视角代入问题的思考过程中，从学业、活动到社交、实习等。

总之，我从未觉得自己与女性学有所疏离，它始终活跃在我的心间，我能时刻感受到女性学力量的持续。

三、“女性”身份的贯通

（一）选择留京

我在女院学习四年，后来在北师大读硕士研究生三年，也就是我有七年时光都在北京度过。我已经习惯了这个超大城市汹涌的人流、干燥的空气、触手可及的文化资源，这座城市也像一个巨大的蓄水池，承载了我越来越多的喜怒哀乐，见证了越来越多的精彩瞬间。临近硕士毕业时，我想入职出版文化行业。全国五百多家出版社，北京占了近一半，再加上其他文化资源基本集中在北京，所以我选择留在北京。一切自然而然、水到渠成。

（二）出版行业与女院人的天然优势

2024年是我工作的第六年。这六年里，我没有工作单位上的变动，只安静地扎在自己的小小岗位上，同大多数“北漂”一样，竭力过好自己的普通生活。毕业进入单位以后，我一点一滴学习编辑出版，按部就班考取出版中级证书，拿到责任编辑证。编辑这个职业同会计、老师等一样，是需要看长效的，甚至可以说是越老越吃香。我所在的单位处于全面面向市场的初级阶段，有点儿创业公司的意味，且规模较小，所以利弊比较明显。个人承担的任务和压力比较大，但幸运的是我能够身体力行地充分感受全流程环节，在积累做书经验的过程中，自由度相对较高，各大品类也能有所接触。

进入职场的头几年，我以打牢基础为主，编辑出版的书主要围绕文学、社科两类展开。和学生时代一样，当我介绍我的学科背景时，所有人都会有吃惊或惊喜的反应。我明白这种反应，一方面他们很好奇，另一方面也会觉得很了不起，会想更深入地了解这个专业。所以我觉得女性学背景真的很好，不仅对我，还会给身边很多人带来思考。

在打造俄罗斯文学产品线的过程中，我终于再度接触了女性主题。俄罗斯女性文学是一个相对小众但充满魅力的领域，从出版者的角度而非研究者的角度再去看这些，感受还是很不同的，我必须挖掘出其中的出版价值和内容闪光点。但在很多个打磨稿件的微小瞬间，我还是带着和处理其他稿件完全不同的满足感，我知道这是女性主题自身赋予的。这两年，图书市场关于女性主义的话题和图书越来越多，尤其是上野千鹤子带来的热度。我非常可喜地看到这一现象的发生，却也在战战兢兢思考自己选题的出路。如今这个赛道的竞争非常激烈，大家都在抢这碗饭吃。我当然也会想，因为我是女院出来的，又是学女性学的，好像有一种天然的优势，就会比较这里面的机会。现在我也在构思这方面的内容，希望以后能够跟女院加强沟通，让更多的人看到女院、看到女性学，也让更多的读者了解中国本土的女性思想，实现互利共赢。

（三）婚恋中的独立思维

我是独生子女，但父母从不娇纵，反而非常注重锻炼我的独立自主能力。这点也渐渐影响到我的性格，年近三十，我感觉自己真的把独立贯彻到了极致，这种独立不仅体现在工作、生活中的独立自主，更是表现在自己能够积聚个体的能量，学会自我满足。婚恋中也是如此，我和老公是高一同学，高二的时候我去读了文科班，他留在理科班，那个时候彼此之间没有火花，也没有更多交集。大学的时候，我在女院读书，他在长沙读书。再后来读研的时候，我去了北师大，他去了北邮，一条街之隔，我在这边，他在那边。那个时候他知道我在北师大，约我出来吃饭，因为有事我就没有答应，于是错过了三年。快毕业时，他说再不吃饭咱俩都毕业了，我们就约在学校附近吃饭，又重新联系起来。聊着聊着自然就觉得喜欢了，走在了一起，最后还结了婚，真的是缘分。

我跟老公的相处方式还算可以。经济上，我们彼此独立；工作上，我们互不干涉，有问题或困惑时互相分析、疏解压力；生活上，我不会去强求他必须跟我在一起，回家之后他干他自己的事，我干我自己的事。我始终认为，哪怕是亲密关系，也一定要给予彼此足够的自由空间。在三观一致的大前提下，能够吃到一起、聊到一起、玩在一起，再共同扛事到一起，在当下就已经是比较理想的两性关系状态了。我很感谢老公能充分理解和尊重这一点，也期待能够成就更好的彼此。

四、报之桃李，继续耕耘

（一）给学妹的建议

1. 对于女性学的自信

我的硕士研究生导师在指导我写毕业论文的时候，希望我能够把社会调查的角度很好地融入研究中。我的毕业论文就是关于这个主题的，而且我当时写得还算不错，汇报得也挺好的。其实，我在研究生时期用到的很多东西都是于老师教的。虽然当时没有更进一步学习女性学或社会学，但是后来我自己去深入挖掘，之前打下的思维或方法论的基础在此时发挥了重要作用。比如问卷调查、访谈什么的，其实一直印在自己的脑海中，在思考问题时也会不自觉运用到更多的视角和思路，相比其他单一专业的人，我可能会有更深的感受。我觉得这一点一定要有自信。当时我也没想到在教育学领域，也会需要我这个专业的人。这是一个非常好的机会，一定要想办法找到这个机会，勇敢地把自己的特点展现出来，让大家知道。

2. 对于女性个体的自洽

无论如何，女性一定要先从爱自己、尊重自己开始做起，然后再谈所有的下一步。要学会自洽，工作中自洽，生活中亦自洽，这样自己的精神内核稳了，就不会为一些观念所困扰或束缚。工作上可以努力去寻求一些突破，感情上找不到合适的，那就把自己的日子过好，不必强求。现在这个社会生活方式是多元的，你一定要稳住自己的阵脚。

（二）坚持与未来的期望

1. 信仰的光

我还是想坚持干出版这一行，我的规划基本上也是沿着这条路来走的。我就想在这方面看看能不能有点儿突破，做一本大家书架上都愿意放的书。作为一个有理想情怀的人，我对这行还是抱有热爱的。这个行业是我从初高中开始就想着的，那时不会掺杂很现实的考虑，但是没想到长大了，冥冥之中还真的踏入了这个行业。我觉得做编辑跟当老师有点儿像，平时有再大的压力、再多的抱怨，待学生有比较好的成绩出来的时候，老师都会感到欣慰，同时得到一个正向的反馈。对我们来说，每一本书印出来时，前面所有的辛苦好像都值了，更不用说后面投放到市场上能够得到的正向反馈。

2. 对于女院声音的期待

从工作的角度来说，虽然现在有很多关于女性主义议题的优秀作品，但大部分还是基于引进版，包括很多做得好的出版品牌、出版社，大多数还是引进欧美或日韩的作品。这其实跟我们多年前学女性学时面临的场景一样，就是国内本土的创造性的东西其实还没有被完全挖掘出来、表达出来。这是一个困境，但我想同时也是一个机遇。无论是我，还是国内研究女性学的学者，抑或成百上千同我一样的女院人，我们在各行各业都可以把这方面的生命力挖掘出来。现在学术界、出版界、新闻界有越来越多的国内学者发声，并得到一定群体的支持，我期待女院有一天也能把女性学真正的声音表达出来。

访谈员后记

昊宇学姐与女性学的不解之缘，起初是由她的父母无意中牵线搭桥的。女性学教授的是如何在新时代中促进女性成长的知识。这个发现，让原本对女性学有些提不起兴趣的昊宇学姐，开始对这门学科产生浓厚的兴趣和全新的认识。在与女性学相伴的岁月里，昊宇学姐在女院和女性学课堂上所学到的一切，都在潜移默化中塑造着她的生活观。无论是老师们充满智慧的教诲，还是课堂上学到的知识和技能，都为她日后的生活奠定了坚实的基础。我深信，昊宇学姐本身就是一位充满力量的女性，她的故事和女性学想要传达给我们的核心理念不谋而合。

从小，昊宇学姐就对写作充满热情。虽然女性学并不是她最初的梦想学科，但这段意外的学术之旅成为她人生中一段美好的插曲，不仅没有让她偏离自己的梦想，反而更加激发了她追梦的勇气。从女院毕业后，她毅然决然地踏上了考研之路，并最终成功地进入了梦寐以求的出版社工作。尤其让我感到鼓舞的是，昊宇学姐独自一人远离家乡，在北京努力拼搏。她对这座城市的热爱和对文化事业的追求，从未有过丝毫的停歇。如今，学姐已经在这里找到了自己的一片天地：稳定的工作、恩爱的伴侣、温馨的小家。她将自己这些年的经历和心得无私地分享给了我，让我深刻感受到了一位前辈对后学的关心和爱护。我们的谈话从课堂知识延伸到了亲密关系，再从生活琐事触及了人生观念。在学姐的言传身教中，我对人生有了更加深刻的理解和感悟。她说，每个人的人生都是独一无二的，我们应该珍惜每一次学习和成长的机会，勇敢地追求自己的梦想，不畏挑战，不惧失败。她让我明白，无论我们选择哪条路，都应该全力以赴，坚持自我，保持热情。她的生活态度和职业成就，对我来说，不仅是一种激励，更是一种启示。她告诉我，只要我们愿意付出努力，勇于探索，就能在生活的每一个阶段找到属于自己的精彩。

在与学姐的交流中，我仿佛看到了一个女性在现代社会中不断成长、不断进步的形象。她的故事，是对女性力量的最好诠释，也是对女性学价值的最好证明。我相信，每一位女性都能够像昊宇学姐一样，找到自己的方向，实现自己的价值，活出自己的风采。

女性学不仅是一门学科，更是一种生活态度和哲学。它教会我们如何理解和尊重女性，如何在新时代找到自己的位置，如何在挑战中成长，在成长中绽放。学姐的经历，就是对这种精神的最佳体现。她用自己的行动告诉我们，只要有梦想就有可能，只要有信心就有力量。在未来的日子里，我希望能够像学姐一样，不断学习、不断进步、不断超越自我，无论是在学术上，还是在生活中，都能够勇敢地追求自己的梦想，实现自己的价值。我相信，只要我们保持热情，坚持自我，就能够在这个世界上找到属于自己的一片天空。

最后，我想对昊宇学姐说一声感谢。感谢她的故事，感谢她的经验，感谢她的鼓励。她的人生经历，对我来说，是一笔宝贵的财富。在未来的日子里，无论我走到哪里，都不会忘记学姐的教诲和鼓励。我会将这些宝贵的经验，转化为自己前进的动力，不断追求，不断努力，直到实现自己的梦想。

专业筑梦人生使命，理想助力国际发展

——2012级女性学专业毕业生严杨迪

访谈时间：2024年4月7日18:20—19:50
2024年5月25日13:26—14:10

访谈地点：北京市朝阳区凤凰路圆场餐厅

受 访 者：严杨迪

访 谈 员：薛 静（妇女发展学院女性学系2022级本科生）

人物简介

严杨迪，出生于浙江省湖州市，未婚，在广东汕头和上海长大，中华女子学院女性学学士、优秀毕业生，曾任校青年志愿者协会办公室主任，系班长、团支书，曾服务学校国旗班，韩国梨花女子大学交换生，澳大利亚墨尔本大学发展研究硕士，中国人民大学应用心理学在职班在读。目前就职于中国国际经济技术交流中心联合国业务一处，担任项目助理一职，曾任联合国开发计划署内乡减贫与可持续发展示范项目项目协调员（2021—2023年）。同时，也是联合国开发计划署可持续发展目标社群助力官、联合国开发计划署“她×数字未来”创造营首期教师和二期教师及组织者、清华大学地平线计划成员，毕业创立童·心声专项基金支持青少年儿童心理健康和心智成长项目并任项目主任，WeSDG联合创始人，印度基础健康和卫生项目监测人员。专注于以下四个可持续发展目标：良好的健康与福祉、优质教育、性别平等和气候行动。

一、为妇女事业而奋斗的专业使命

（一）不忘初心，理想的底色是红色

我出生在一个有信仰、有使命、存善念的家庭。父亲曾是1997年香港回归的驻港部队军人之一，“中华青年儿女，责任使命担当，应当振兴中华”，这是父亲传递给我的人生格言；“从善如流，心怀感恩”，这是长期作为教师的母亲自小教育我的。父母的这两句话也成为我心中的信念和理想追求的底色。

2011年，父母在北京参加活动时，遇见了一位来自中华女子学院的讲师，并被她关于女性成长、妇女儿童发展的讲座所吸引。父母认为热爱公益的我非常适合这个专业。因此在2012年高考填报志愿时建议我加上中华女子学院女性学这个选项，从此命运的齿轮开始转动。

2012年9月，大一开学后，我便一下子对女性学产生了非常浓厚的兴趣。而后在四年的大学生涯中，我通过各个阶段的课程深入体验了女性学的广泛学科内容——不仅囊括妇女发展、男女平等，还包括对儿童、弱势群体权益的保护和支持。在校园里，我接触了马克思主义妇女理论、西方社会学理论、人类学、心理学、项目管理等多个领域的知识，而后又辅修了英语专业，这些都为我后期学习工作打下了重要基础。

同时，学校作为全国妇联干部培训学院、全球妇女发展合作交流培训基地，在专业上也让我们拓宽视野，更加关注其他发展中及欠发达国家地区的性别平等发展现状。我逐渐理解了女性学作为一个学科的独特之处。女性学不仅具有前瞻性，还具有全局性，将男女平等作为全人类发展的重要任务，与我国男女平等基本国策及联合国可持续发展目标契合。从自身而言，女性学为我提供了从不同角度理解知识的机遇，培养了我的全局思维、性别视角和全球化视野，塑造了我自身的思维体系。女性学专业不仅帮助我们建立正确的价值观，还鼓励我们发展自己独特的研究方向和兴趣。回顾我的选择，我始终相信选择女性学专业是一个正确的决定。这一路的学习和探索，让我感到无比充实和满足。

（二）对于女性学专业的理解

女性学的培养与学校的创立历史紧密相连，其目标在于培养女性的自我价值，推动社会向更加平等的方向发展。这一使命和初衷始终不变。女性学的意义在于其根本的愿景——希望每位女性都能过上有尊严的生活，并构建一个更加平等的社会。无论进程快慢，每个专业学习者都保持这份初心至关重要。同时，我更倾向于将女性学研究领域理解为不仅是对女性这一群体的研究，而且视为对弱势群体（包括儿童、残疾群体等）的研究和提升他们社会的福祉。在正规的学术训练和教授们的指导下，我不仅培养出坚定的服务妇女儿童的使命意识，还根据自己的学习兴趣选择学习内容并持续为之付出努力。在中华女子学院学习女性学专业的经历对我来说非常宝贵，因为它不仅让我学到了理论知识，更让我体验到了学术自由和探索的乐趣。

对我而言，女性学是一个多维度的学科结构，它不同于单一领域的知识体系，而是能够与众多其他领域建立联系。这种跨领域的联结让人们可以从不同的视角来理解和应用知识。我觉得女性学的理解可以借助加法的思维来丰富和扩展。它不仅是一种学术视角，也是一种思考的维度、一种解决问题的方法，更是一种哲学。女性学可以涵盖广泛的领域，既可以是纯粹的理论研究，也可以是实践中的应用，甚至可以是政策制定的指导。因此，我们不应该对女性学设限，而应该鼓励其多样性和包容性。

女性学鼓励研究者以多样化的视角进行探索和创新。在这个学习和视野拓宽的过程中，每个人都有机会发掘自己独特的见解和价值，而不是成为千篇一律的标准化产物。此外，通过研究中国妇女史或世界妇女史，我们可以更深刻地理解女性角色的演变趋势，以及未来的可能发展方向。这些历史知识为我们提供了系统推动性别平等的依据。不同国家对性别研究的侧重点和研究方向各有差异，通过比较不同国家的研究，我们可以深入了解不同政策对女性主义及国际关系的影响。

学习女性学并非易事，它远比我们在本科教育中所接触的要复杂得多。要深入理解女性学，首先需要扎实的哲学基础。女性主义的发展历经了中世纪之后漫长的建构主义时期，尼采等哲学家为西方哲学打下了基础，之后才有了解构主义的出现，以及福柯等人的兴起。如果没有这些哲学的积淀，我们又怎能真正理解女性学呢？女性学，这一看似静止的学科知识体系，实则蕴含着人与人生动互动后的总结。它不是僵化的知识，而是通过不同的教师传递，每一位教师都以其独特的方式影响着学生。我非常看重的是，在校园里总有令人敬仰的恩师。我们都应该珍惜并深思他们的指导和启迪，因为他们在这个领域已经积累了多年的经验。只要我们愿意学习，就会发现自己能从中获得许多宝贵的知识。

时至今日，我越来越觉得，女性学是一个不断发展、变化的学科，它的研究重点随着时代的变迁和社会的发展而变化。作为一个女性学的学习者，我不能说我已经学得很好，或者我已经完全理解了它。我也不能自信地说我已经在这个领域达到了精通的水平。这种认识一直伴随着我，让我时刻保持谦逊和求知的态度。同时我也意识到，学习不仅是为了获取知识，更重要的是通过学习来了解自己、了解世界，明确自己能做什么，应该做什么。这是一个不断探索和实践的过程。在这个过程中，我可能需要与社会进行再次融合，思考女性学在校园内外的应用，以及如何在社会中找到自己的位置。

二、探索性别平等与国际发展结合之路

（一）专业助力拓宽国际视野

中国一直以来都是推动全球妇女事业发展的积极倡导者和践行者。习近平总书记率先垂范、引领推动，提出促进男女平等和妇女全面发展的中国主张。目前，中华女子学院作为发展中国家女官员领导能力建设研修班所在地，一直彰显着我国致力于全球男女平等和女性发展的视野，这在我求学期间就有体现。当时，校内便经常有世界各地的女性官员前来进修，因此耳濡目染，我愈发梦想成为一名能够运用世界优秀理念和技能服务祖国的优秀女性。恰好学校有交换学习的机会，当时大二的我在各方面都表现突出，而我一直渴望探索更广阔的世界，了解不同的文化和思想。带着这份好奇心，便在系里的支持下赴韩国梨花女子大学交换学习女性学。在韩交换经历为我打开了一个全新的世界。我始终保持着探索的好奇心，渴望尝试新事物，体验不同的文化和生活。在韩国，我开始思考东亚地区女性学发展差异和韩国女性学文化特色，这些思考让我对女性学产生了更浓厚的兴趣，点燃我对于性别和国际发展的热情，让我在未来的学习探索中不断回溯和反刍。

2014 年 9 月回国后，由于已观世界之大，大二的我开始了属于我的第一次自我寻找和觉醒之路，我总是想到有一段在我脑海里经常浮现出来的文字：可能我们有些人有时会像温室里的花朵，未经风雨的花朵可能看似娇艳完美无缺，但内在可能是脆弱的。所以我想，如果我们在成长中感风触雨，它或是命运的安排，但我们的内在能量是无穷的，我们往往可以通过改变认知模式来提醒自己、促使自己，用坚实的双足通过它，用回首的心灵去丈量它——艰途终将会是我们已经度过的一段旅程——自我觉醒的时刻就此到来。

每个人的成长环境、教育背景和家庭都不同，因此我们的兴趣、人生方向和对人生意义的理解也会有所不同。当我们开始思考如何突破这些限制时，我们已经开始了自我觉醒的道路。不要小看这种自我觉醒的意义——它将把我们引向我们的使命和理想。我也是从这里开始的。我的自我觉醒不是因为我遭受了什么，而是因为我意识到自己的无知。我沉浸于学校的图书馆中，仔细阅读了《忏悔录》和马可·奥勒留的《沉思录》等书籍，它们让我意识到自己的无知。在这个过程中，我学会了主导自己的体验，珍惜每一次尝试的机会。即使失败了，也是一种宝贵的经历。我相信，每一次尝试都是构成我人生大图的一部分，即使有些地方不尽完美，也可能成为成就更大艺术的关键。通过学习，我成为我自己，找到了人生的方向，并与我最初的梦想相连——帮助这个世界变得更好。我发现，我身边许多在这个领域工作的朋友也是这样，他们的优秀并非一蹴而就，而是不断尝试和努力的结果。没有人从一开始就羽翼丰满，我们都是从婴儿开始，一步步成长起来的。

在我完成自我觉醒的一个阶段后，我在大学期间更加积极投身于各种学生工作和社团志愿活动，先后担任了团支书、班长、青年志愿者协会办公室主任等职务，同时也到同济大学建筑设计研究院和上海市妇女儿童工作委员会实习。这些经历让我的组织能力得到了锻炼。特别是在青年志愿者协会工作的阶段，我发现自己对志愿活动有着一份特别的喜爱，它让我感到既充实又快乐。大学时光是探索自我、发现兴趣的黄金时期。无论是线上还是线下，志愿活动都是一个宝贵的平台，让我们有机会接触更广阔的世界。加入团总支，我们不仅能获得丰富的资源，还能结识志同道合的朋友。但最重要的是，我们要清楚自己想要什么，毕竟时间宝贵，我们得好好把握。在志愿工作中，我开启了一段自我探索之旅，这对我来说意义重大。我开始倾听内心的声音，去追求那些真正让我心动的事物。我发现，一旦找到了自己的方向，学习任何东西都变得轻松起来，就像找到了一把打开知识宝库的钥匙。我认为，博观而约取、厚积而薄发就是志愿组织带给我的最大体悟。一旦找到了自己的热爱，学习任何东西都会变得轻松起来。通过在学校青年志愿者协会的工作，我不仅和在京的社会福利组织和慈善组织之间产生了链接，更在直接参与志愿服务活动的过程中找到了自己的热爱和幸福感，同时，在北京世界园博会担任志愿者期间，我也深刻了解到国际展览交流的魅力，以及中国在世界舞台中的力量。在这一阶段，我开始关注联合国及其下属机构，比如联合国妇女署、联合国儿童基金会等，并阅读了大量相关文献，希望能在国际组织、国际发展相关的领域进行深入研究。

2015 年，我全身心投入到本科学习和论文写作中，当时我热爱的领域是女性个体身份认同，在研究的过程中也持续挖掘和产出了一些符合当时研究能力的有价值的成果。申请国外大学的过程出乎意料地顺利，除了我已早早完成文书写作工作以外，系教授们的支持也让我的申请更加充满希望。2015 年年底以及 2016 年年初，我陆续收到了伦敦政治经济学院（LSE）、伦敦大学学院（UCL）、香港中文大学、爱丁堡大学等学校与性别研究相关专业的录取通知书，据说是我校第一个获得 LSE 通知书的学生，这让我感到非常自豪，因此后续我也分享、指导了一些学妹去追求她们的梦想。尽管如此，我最终没有选择去 LSE 或是其他学校深造，因为在那时候我对理想的思考更深一步了。

（二）探索可持续发展和社会创新之路

2016 年年初的我除了思考毕业论文的写作，其余时间就经常在图书馆里阅读书籍并记录笔记和思考。当时，我在《国际展望》当年第一期读到《联合国 2030 年议程与中国》，第一次详细了解了可持续发展议程和国际发展治理这个议题。这让我非常振奋，其中将性别平等和其他可持续发展目标共同纳入 2030 年可持续发展议程非常符合我的观念和期待，也开始畅想我是否也有机会成为推动可持续发展目标的一员。此时，我毅然决然地决定放弃之前的 offer，因为我开始明白自己前进的方向和人生目标——我想进联合国工作，成为推动 2030 年可持续发展议程的中国青年女性。此时，我了解到澳大利亚墨尔本大学有发展学（有性别和项目管理方向）——一个专注于研究全球、国家、地区发展问题的学科，也涵盖了联合国与国际发展项目管理内容，因此我申请了，我仍然得到系里两位教授的全力支持和推荐，她们期待我今后能好好思考如何将所学带回国。

毕业后，父母为我引荐了来自哈佛医学院的一群创业者，他们基本全部毕业于哈佛大学医学院，正打算建造一个总部在硅谷的上海分公司，因此我成为当时那家精准医疗公司的创业团队中的一员，承担医学总监助理的职责。这家专注于精准医疗的公司致力于研究肿瘤的靶向治疗：一个在当今医疗领域具有重大意义的技术。尽管我在这家公司的创始阶段只待了半年左右，但仍然锻炼了我的能力，开阔了我的视野，同时我还遇到了一位很肯定和支持我的领导。这位领导不仅是项目CTO和联合创始人，同时也是哈佛大学医学院的助理教授，他非常肯定我的个人能力和对人生的期待，因此在我离职后他主动为我写了一封推荐信。

2016年9月，我收到了墨尔本大学发展学硕士的录取通知书，我和父母知道这一切都源于系里的支持和老师们的爱护。2017年2月，我便踏上了前往墨尔本的旅程。我明白这个专业今后的学习内容和工作方向将会与联合国等国际组织有关，这似乎预示着我未来可能与国际组织和可持续发展目标有密不可分的交集。

当我踏入墨尔本大学的校园，开始我的专业学习之旅时，我才真切地意识到，我周围坐的是一些多么杰出的人，他们中的许多人都有着在联合国或政府机构工作的经历，拥有丰富的国际发展领域知识和经验。面对他们，我感到自己仅有几个月的工作经验显得格外单薄，这种差距迅速而明显地显现出来。这个领域充满挑战和复杂性，面对同样是一个跨学科的专业，我又有国际关系、经济学、人类学等学科的理论基础需要尽快汲取，但是我很快找到了我的热爱——一是项目管理，二是社会创新实践。其实在本科阶段便有学院里的相关老师为我启蒙，但在硕士阶段我更加专注于国际发展领域。毕业时，我已经逐渐开始期待将自己的技能和知识应用于不同的国际发展项目中，为实现性别平等和可持续发展目标作出贡献。

三、综合能力提升，开启国际发展的职业道路

“健康是一个人最基本的权利，我们希冀，每一个家庭都能享有健康和满足的生活。每一个人——尤其是女性和孩子——的基本权利都得到充分的满足，不容半点马虎……”2018年年底，我成为印度基础健康和卫生项目（CRHP）监测评估团队的一员。我来到印度贾姆凯德的农村地区工作，在那里，我了解到一个真实的世界中如何通过项目管理解决发展中的问题。

在过去45年，印度综合农村卫生项目一直在农村贫困和边缘化群体中发挥作用。这个项目旨在为最贫困的人提供医疗保健，通过动员和建设社区的能力，以实现全面发展与免于疾病污名化、贫困和疾病的束缚。CRHP项目开创了一种基于社区的初级卫生保健的综合方法，项目发现80%的健康问题可以通过村卫生工作者和训练有素的社区团体直接在村一级预防和控制。奔着这样的愿景，从1970年开始，CRHP这个项目团队为乡村和边缘人群的基本权利，已经整整努力了40多年。

CRHP的医院使用文化敏感的方式满足该地区的特定健康需求，通过解决复杂的医疗问题为剩余20%的健康问题提供护理，从而填补了这一空白。这种以社区为基础的综合方法的核心是它拥抱所有人的公平，利用医疗保健作为打破贫困循环的手段。我和其中的社区工作负责人关系非常好，她原本是印度一名低种姓女性，同时身染疾病，并没有经济来源，但是CRHP项目给予她工作、保证她的健康、给予她尊重，她从此开始了新的生命。这让我感受到了发展项目的力量，明白了什么才是真正触及受益人群需要的项目。在这里，我还遇到了让我触动的一位女性，她是瑞士人，在辞去银行的高薪工作后义无反顾到印度做健康公益项目。她告诉我，身为一位女性，我们会

更加了解女性的需求并明白如何帮助到更多女性。这让我想到了女院的教授们告诉我的话，因此我觉得她尤其亲切。

几个月过去，有一天站在印度田间地头的那一刻，我想起了祖国发展的历史，想起了周恩来总理说的“为中华之崛起而读书”，想到了女性学在入学时就告诉我们的学习目标，终于明白了习近平总书记强调的“青年一代有理想、有本领、有担当，国家就有前途，民族就有希望”。我明白，唯有与祖国共进，与时代同行，牢记使命，才能航向不偏、青春无悔。于是在项目结束后，我收拾行囊再次出发，回到国内。

2019年，我就职于上海同济工程咨询有限公司任管理培训生，后在发展研究院负责人兼副总工程师的引荐下，了解到更多工程咨询及项目管理的知识，接触了更多项目可行性研究报告和影响力评估的实践工作。而后，我和母亲及父母的好友共同创办了一家青少年儿童教育培训机构，我们引入了素质教育和素养教育的理念，致力于培养孩子们全面发展。与此同时，我继续投身于性别平等和社会创新领域的志愿工作，担任海外华人女性保护项目的合作拓展处负责人。

但是，在内心深处，我仍然感到自己似乎没有为这个世界作出应有的贡献，之前用项目管理让世界变得更好的理念像野火一样在我心中燃烧。就在这时，我在墨尔本大学的一位好友向我推荐了联合国开发计划署的职位。我抓住了这个机会，幸运地加入了该机构。2021年10月，我开始服务于联合国开发计划署内乡减贫与可持续发展示范项目，该项目是联合国开发计划署在华县域执行的第一个可持续发展目标本土化示范项目，作为项目协调员(UNV)，我的工作包括推进县域均等教育发展、赋能乡村留守妇女参与社区治理等可持续发展目标本土化活动。

工作期间，为了更加全面、综合地了解基层县域社会发展情况和利益相关方需求，两年间，每到周末，我都在当地政府部门领导的带领下，和各政府部门相关人员座谈研讨当年项目工作重点，到项目示范镇、示范村与当地镇长、村支书、村企业、村民、困难家庭、留守妇女、困境儿童进行实地沟通交流了解现实问题，到项目相关企业产业园区、种植户、借贷户进行实地走访了解重点难点，并在实地调研后与当地政府领导进行座谈，梳理不同板块工作计划。

我需要持续在国际组织、政府部门、利益相关方之间进行项目协调工作，以保证各方的共识、执行的高效、产出的效果和目标的达成。为了更加深入均等教育现状，我走访了河南省南阳市内乡县所有学校、研学基地，有时从乡镇返家时已经晚上 10 点了，仍继续加班工作。在用心调研后，提出贴合县域发展需求的体系化方案：青年教师参与可持续发展目标培训、青少年可持续发展目标培训周、青少年参与可持续发展目标大赛、研学基地系列提升活动、优秀青少年赴北京联合国交流活动。在这些活动中，让更多内乡县的孩子受益，能够成为具有国际视野的优秀青年，就是我的期待。而老师们的提升和学子们的成长也是显而易见的，领导、校长、学生家长都给予我高度的认可，希望我今后留在当地，因为大家都很喜欢我的真诚和激情。除此以外，我还积极推动农村留守妇女参与职业技能培训及社区治理，通过孵化妇女自组织以推动全县掀起一股建立女性主导的护水自组织的风潮，而内乡县的女性板块活动也成功纳入 2023 年中国国际扶贫中心的减贫案例集。

2022 年 7 月，刚举办完青年教师可持续发展能力培训的我收听世界青年发展论坛的直播，当听到习近平总书记说“鼓励青年在参与推动构建人类命运共同体的实践中展现青春活力”，“各国青年要……以实际行动推进全球发展倡议，助力落实联合国 2030 年可持续发展议程”时，我振奋不已，这就是价值，而身边的县领导当时也称赞我：“你这是新一代知识青年下基层，响应号召，为了中国和联合国的共同目标而奋斗！”县里的每一位领导同志都非常肯定我的基层工作，而在日常工作中，我了解到村小教育资源有待提升，在与当地教体局沟通后得到大力支持，积极自我报名并号召身边青年参与联合国开发计划署持续发展目标社群助力官培训，并到各乡镇乡村小学提供针对青少年和教师的能力建设，至今我已经是助力官导师，并开展了超过 60 余场覆盖 7000 余人次的可持续发展工作坊。

2023年，严杨迪与联合国开发计划署驻华副代表乔展先生的合影

2023 年 8 月，在河南省南阳市内乡县仍作为 UNV 执行联合国开发计划署在华第一个可持续发展本土化的项目时，受到 UNDP Her Digital Future 的感召，我与另外几名在校青年教师一同为内乡县的 10 个女生开展了为期一周的“她 × 数字未来”创造营活动，我成为“她 × 数字未来”困难模式的志愿讲师。对每一个孩子，我一定会问：“你们的梦想是什么？”很多孩子开始没有概念，但经过引导和沟通，在生动演绎外语故事和数字化技能之后，孩子们纷纷有了不同的梦想，有几个说：“我希望像你一样，做一个又爱国，又了解世界的人，去帮助更多的人。”每每如此，我的心里都很高兴。训练营不仅提升了这 10 个县域女孩对于科学技术创新的认知，同时也唤醒了她们对于社会发展的渴望和改变世界的期待。在一周内，通过在地的实地调研和深入探讨，我和她们一同设计了名为“女孩星球”的项目，项目旨在让大家重视现在青少年儿童的心理健康和心智成长问题，能够让更多的青少年儿童拥

有更健康的心理和身体，并成为一个个世界栋梁。我们的设计非常成功，作为优秀设计，我们成为活动网站主页照片。后期，我又受邀参加世界女科学家大会，分享本次创造营的成果。

在活动结束后，继续行动，让孩子们的初心延续下去，让更多青少年儿童拥有健康的心理以及更完善的心智，发起了童妳心声 Shecho Mind 项目，一个让更多青年女性参与支持女童心理心智成长和全球胜任力能力建设的过程的平台。我希望通过提供线上线下的专业心理心智支持、教育并协调各方社会力量，创建一个支持女童心理心智全面发展的社会支持圈，让她们能够充分探索自我潜力，享有平等、健康、友好的成长生态，助力世界的可持续发展。我也希望通过这个项目为中华女子学院的学妹们提供一个积极、正直、规划的社会实践与志愿平台，链接更多优势资源，支持她们的成长，以回报母校的教育、培养和支持。

目前，我就职于中国国际经济技术交流中心联合国业务一处，仍然负责联合国开发计划署等联合国在华业务的项目管理工作，但我不再局限于单一的项目，而是为不同的项目提供支持和服务。这份工作是我非常热爱的，它不仅积极向上，与我的价值观相符，还能通过项目产生广泛的影响力。对于我的未来工作而言，我的主线非常清晰：我将持续专注国际发展和项目管理，特别是那些涉及性别平等、优质教育的项目。最近，我受邀参加 2024 年 Movers Camp 活动并作为授课教师开展性别平等工作坊，在大会开幕式上，我被联合国开发计划署驻华代表、联合国志愿人员组织国别主任和联合国开发计划署青年发展专家点名表扬，肯定我在可持续发展方面的努力和突出表现，这让我对未来更加充满期待和抱负。

要让世界发展变得更可持续的确需要系统的努力，对于我们个人而言也必须做好自己，行动起来，通过不懈努力，我们可以探索更多同行者和机缘。就像攀岩一样，不断尝试抓住每一块岩石，即使有时失手滑落，我们也能从中汲取力量，继续寻找新的立足点。攀岩的过程中，我们的手脚变得更加有力，正如在学术和社会创新的探索中，越是人迹罕至的领域，越有可能成为我们新的立足之地——展现中国青年女性的力量。

访谈员后记

在与学姐的深入访谈中，我想到的是“圆融”这个词。何为“圆融”？“圆融”一词，在这里并非简单地指代一种外在的和谐，它更是一种内在的成熟与智慧。女性学，这个作为专业和学科的存在，她早已不局限于理论层面，而是内化为女性的一种独特气质。这种气质更是体现在她们步入社会、面对生活挑战时，展现出的独特魅力和力量。

学姐的故事，是一段不断探索自我、勇于追求理想的旅程。她的经历让我深刻感受到，女性学不仅是一个学术领域，更是一种生活态度和精神追求。她曾经对建筑学产生浓厚的兴趣，这种看似跨度极大的领域转换，对我来说几乎难以置信。但正是这种敢于尝试、敢于探索的精神，让我对她充满了敬佩。她没有被传统的学科界限所束缚，而是勇敢地跳出“舒适区”，追寻自己的热情所在。在公共事业领域，学姐将她曾经的“斜杠青年”标签——热爱志愿活动、女性学、公益事业等——汇聚成一股强大的力量。这些看似零散的关键词，最终在她身上凝聚成一种独特的个人品牌。她的信仰、坚持和热爱，从此刻起，成为照亮她前行道路的光。我坚信，一个人的内在品质和精神底色，是她行为路径的灯塔。学姐的乐观、自信、自立和自强，这些本身就具有的优秀品质，再加上女性学的赋能，以及女院老师们的指导和鼓励，让她更加坚定地走在自己选择的道路上。

这次访谈结束后，我深刻感受到这是一次“我们”与“女性学”之间的情感交流。从学姐身上，我不仅获得了女性学传承的力量，更记住了她那句“慢慢来，才最快”的教诲。这让我更加清晰地认识到，女性学是一门高度个性化的学科。它不仅是一门复杂的、综合性高的学术，更是一种精神引领，像一位温柔而强大的母亲，她从未限制她的孩子们，而是给予她们更多的可能性，将她们送往更远的未来。在我看来，女性学的价值并不在于她是不是一门热门学科，而在于她能够为每一位女性赋予力量，让她们带着这份独特的女性力量，走向社会、家庭和新时代。她鼓励女性打破传统的刻板印象，勇敢地向世界展示中国新时代女性的风采——她们既温柔又充满力量。女性学不仅是一门学科，更是一种生活的艺术，一种精神的传承，一种力量的源泉。她教会我们如何在变化莫测的世界中，保持自我，坚持信念，勇敢地追寻自己的梦想。

通过这次访谈，我更加坚信，女性学的力量是无穷的。她不仅能够改变一个人，更能够影响一个时代。学姐的故事，就像一盏明灯，照亮了我前行的道路，让我看到了女性学在未来的无限可能。我相信，随着时间的推移，女性学将会继续以其独特的方式，影响和改变更多的女性，让她们在新时代绽放出更加璀璨的光芒。

成为一片雪，然后一直下

——2012级女性学专业毕业生张增琳

访谈时间： 2024年5月11日15:30—17:45

访谈地点： 双井富力广场星巴克咖啡厅

受 访 者： 张增琳

访 谈 员： 赵　鑫（妇女发展学院女性学系2022级本科生）

人物简介

张增琳，1993 年生于内蒙古赤峰市，已婚，育有一子。本科就读于中华女子学院女性学专业，2012 年 9 月入学，2016 年 6 月毕业。2017 年考取北京科技大学社会工作研究生，2019 年毕业，获社会工作硕士学位。2013 年 5 月 13 日加入中国共产党，现任北京市平谷区和合社会工作事务所创始人／主任／党支部书记，北京琳琅福地商贸有限公司创始人／总经理、北京妇女理论研究会会员。

一、命中注定的邂逅——第一志愿报考女院

我在内蒙古赤峰市巴林左旗参加高考，那算是一个信息比较闭塞的小县城，父母也没有从事教育行业的相关经验，总体来说能给我的建议和指导为零。高考结束后，学校给我们发了一本黄色牛皮纸的报考指南，指南中详细地记录了每所高校的专业情况和招生数量。还没有出成绩时，我就在每天学习这本书，我清楚地记得在第 178 页的位置，有一所学校叫“中华女子学院”，这个名字里面的“女子”二字让我读到了一些独特的意味，那时我还没有什么性别平等意识，单纯觉得有一所学校专门为女性而设立是一件很酷的事情。这可能和我的个人经历有关，我有两个哥哥，所以关于我的教育与成长，从小到大总能听到一些不太友善的声音，高情商的亲戚说的是“女儿呢就好好养在身边，以后养老贴心”，低情商的亲戚说的是“读那么多书干吗，你们得多攒攒钱给儿子留老婆本”，总而言之就是我上了学，父母就没人孝顺了，我的哥哥就娶不到媳妇了。事实上我不光上了大学，还考上了研究生，我的两个哥哥也没耽误找到称心如意的人生伴侣。

这些都是题外话，大概是这些潜移默化的不友善，让我看到一所独为女性而立的学校时，心中顿生好感吧，后面查询了一下学校的历史和专业学习内容，当知道学校前身是 1949 年由蔡畅、邓颖超、康克清等革命前辈创办的新中国妇女职业学校时，我想报考这所学校的心愿更强烈了。几位革命先辈一直是我心中的楷模，从小到大参加演讲比赛讲的都是她们的故事，第一次觉得自己离这些优秀女性如此之近。加上查到女性学这个学科旨在促进男女平等，消除一切对妇女的歧视，感觉是为我而设的专业，我当时的期待就是我一定别发挥失常，没机会报考呀。成绩出来时我超过一本线 23 分，我很庆幸有选择这所学校的机会了。

妈妈问了一个在北京某高校工作的亲戚这所学校如何，当时亲戚给的答复是“是全国妇联直属的学校，校风校纪很好，女儿家在这所学校上学倒是个不错的选择”。总之，在亲戚的建议下，在我那份还不成熟的“性别意识”的鼓舞下，我第一志愿报考了中华女子学院女性学专业，以当年内蒙古该专业最高分顺利录取。

在大学本科期间，可以说是一路成长，一路收获。在校期间，因积极参与校内外实践活动、认真学习，获得了中华女子学院十佳之星之自强之星，中华女子学院北校区校星评选之崇德之星，北京市女大学生辩论赛冠军、最佳辩手，中日韩青年文化交流节优秀志愿者，中华女子学院艺术团优秀团员，中华女子学院“荣校杯”冠军队伍、最佳辩手，中华女子学院校二等学业奖学金，全国妇联机关征文比赛优秀奖，党课高级培训班优秀学员等。这既是一种支持与鼓励，更是一种沉淀与记录。

二、瓜熟蒂落的契机——顺其自然地留守京城

我从小接受的教育就是“好男儿志在四方”，你的理想和事业在哪里，你就应该在哪里，所以自从来到北京那天起，我就没考虑过离开，只想着撸起袖子加油干。另一个原因是小县城确实没给我留退路。当然最重要的原因其实是我没有经历择业的过程，我在还没有毕业时，已经开始了自己的创业之路，大三升大四的暑假（2015 年 6 月），机缘巧合加入了一个新成立的社会工作机构，在经历了一些工作任务之后，得到了当时机构创始人的认可，加入了这个创业大家庭中。我算是赶上社会组织兴起风口的那批人，党的十八大以来，党和国家高度重视基层治理，政府购买服务兴起，社会组织创办成为公益创业的新浪潮，2014 年至 2016 年，北京新增了上千家社会服务机构，北京市每年专项社会建设资金就有上亿元，加上彩票公益金等各类民政领域资金，购买力度是非常大的。所以当时赶上时代东风的我们的机构，也迅速得

到了发展。有了事业便有了基础，留京就变成了自然而然的事情。2018 年，我又在读研究生期间，开启了自己的新航道，独立创办了北京市平谷区和合社会工作事务所，进一步在社工领域深耕，从最初的三个人，发展到有 40 多人的团队。我要对员工负责，根系越深，固土越紧，家乡也就越远了。再后来，2021 年，我认识了我现在的爱人，于 2023 年 2 月 14 日登记结婚，同年 11 月迎来了我们可爱的宝宝小太阳小朋友，自此成家、立业均在北京，也就没了任何离京的理由。

三、公益意识的绽放——致力于困难群众的帮扶

（一）和合社会工作事务所介绍

我是一个充满热情、热爱和热血的姑娘，毕业后我延续着女院镌刻在我身上的自尊、自信、自立、自强，以习近平总书记提出的“要志存高远、坚定信念，自觉把个人的人生追求同国家前途命运，同建设社会主义的伟大实践结合起来，立志在基层干出一番事业”为目标，在北京市平谷区创立了一家社会工作机构——北京市平谷区和合社会工作事务所，机构主营三大业务板块：咨询评估、基层服务以及营销策划。咨询评估主要承担政府绩效评估、项目监测、社会调查、舆情监测、可行性研究等，服务百余个乡镇政府及委办局，已顺利完成项目百余个，服务金额逾千万元；基层服务主要包括社区便民服务、精准救助服务、妇女儿童权益保护服务、社会心理健康服务等，服务 30 余个中心、站点，超 30 万人次，服务金额百余万元；营销策划包括新颁布政策的社会面宣传贯彻活动与培训、农产品营销与策划、贫困地区来京研学交流服务等各类文化、培训及推广项目，服务范围包含北京、新疆、陕西、贵州等，服务金额超百万元。

机构始终秉持“扎根基层、服务基层、专注公益”的宗旨，主营业务紧

紧围绕政府各类民生工程、一线困难群众服务以及优农助农活动，荣获北京市十佳社会工作机构。除机构整体业务工作外，我个人也一直积极投身于女性维权和性别平等的社会活动，无偿服务困境中的妇女儿童，努力将自己的青春奉献给群众，收获在基层，成长于一线。

（二）女性学镌刻在骨血中的公益初心

我曾经是反家暴法颁布后北京市第一案的一线社工，也曾是北京市反家暴庇护中心暨困境未成年人救助中心的创建社工，当然也是失学女童口中亲爱的姐姐、受暴妇女心中的陪伴人，这些身份是一个个具体案例的累积，更是一次次感动的收获，而这些最初是女院女性学专业埋在我身体里的公益的种子。我始终记得在校期间被反复提及的女性学专业培养目标——“培养具有公益意识、知性高雅的复合型女性人才”，公益意识是根植在女性学人的血脉中的，我的学校设立基础是平权，这是公益；我们的学科培养方向是促进女性发展，这是公益；我们的授课方式是提升女性领导力，这是公益；我们的实践课程是走到弱势群体身边去，这还是公益。当我们在公益土壤中不断得到滋养后，“以促进男女平等为己任”的责任感就会生根发芽、破土而出，长成我们的“公益行动力”，这就是为什么很多女院人最终会走到公益路上，又在公益的付出中不断地收获着、成长着。

1. 公益初探之走近公益

说起我的公益初探，还要说起大一时的一段志愿者经历。2012 年，通过专业实践课程，我成为“木兰之家”的一名志愿者，主要做外来务工家庭子女的一对一成长向导。我在服务一个小女孩时，遇到了小女孩的邻居——一个 6 岁还没有上学的小男孩，整个聚居区没有小朋友愿意和他玩儿，我服务的小女孩告诉我这个孩子没有妈妈，从不洗脸，家长不让孩子们和他玩儿。我和他聊天，给他洗脸洗手，让他和我服务的小女孩一起听我上课。从此他成了我形影不离的小跟班。我第四次给他洗手时，他用闪着星光的眼睛盯着我问：“姐姐，你对我这么好，你是妈妈吗？”这件事对我触动很深，让我更加深刻地体会到积极投身公益的价值与收获。因此，在大学期间我始终坚持在各个公益机构实践，在奉献青春的同时，我也更加清楚地了解到公益机构的运转和一线群众的广泛需求。这也为我毕业后的公益创业奠定了坚实的基础。

2. 初入职场之选定公益

毕业之后初入职场，我毫不犹豫地选择了公益。大四实习时，我走入了北京市朝阳区方舟社会工作发展中心。在这里，我脱离了志愿者的身份，以一名专业社工的角色开始了更加深入的公益初探，我们帮助戒毒人员社区康复、协助刑满释放人员社会融入、助力流浪乞讨人员回归家庭、帮助困难儿童走出阴霾，在经过丰富的特殊人群一线服务实践后，我深感自身理论能力的欠缺，在工作一年后报考了北京科技大学的社会工作研究生。

3. 创业定位之专注公益

研究生在读期间，借着北京市精准救助政策的东风，我开始了自己真正意义上的公益创业。怀揣着将青春奉献在基层，到祖国需要的地方建功立业的初心和梦想，我来到了北京市平谷区，创办了服务农村、服务农民的和合社会工作事务所。和合社工在公益救助领域，帮助过失学儿童，服务过视障人士，也陪伴过孤寡老人；在基层治理领域，创新了农村积分制管理，获得了农业农村部创新治理项目；在社会心理服务领域，完成了全区域的动态心理健康监测；等等。我们像一阵春风，在这片土地上掀起了一种叫“非营利”的浪潮，开始对接服务的时候，很多村支书都不相信还有不要钱的好事儿，对我们的服务也是半信半疑，直到服务开展到最后，也真的没有收费才让大家相信，真的有一种机构叫社会组织，专注于服务而非营利。就这样，我们从一个村发展到另一个村，从一个镇走到另一个镇，越来越多的人得到了我们的服务。

在我的公益之路上，有三封信就像一柄悬浮在我头顶的初心守护之刃，让我无时无刻不在约束自己、推动自己，想得更深、做得更多、走得更远。

这是来自三个困难家庭女童的信，信的内容是自己的致困原因和未来理想。这三封信可以说是我公益人生中的里程碑事件，当时一位爱心人士知道和合社工在做困难人群救助，就找到我，想要资助一个困难家庭的女童。我当时想这是好事呀，就让机构社工们从自己的案主中筛选合适的资助对象。很快6名女童被筛选出来，爱心人士在社工的带领下到她们家中一个个探访，并提出要求让她们写写自己的理想。资助人想资助一个心有家国、目有远方的对象，这可以理解。但当我们收上这些来信时，我真是既自责又骄傲。自责在我发现每一封信的内容都出奇的一致，基本大量在写自己的家庭因何致困，自己家庭的贫困现状。一方面，我对只能在这些女童中选择一名作为资助对象，没能帮助更多人而感到自责；另一方面，我深刻地认识到我们的这种行为其实是在逼迫孩子们撕开自己的“伤疤”去展示，以获取所谓的资助，这让我很自责，也让我在后面的公益路径上更审慎地去开展服务。骄傲的地方也有两方面，第一是我们的社工让我骄傲。其中有一封信，在信件的下部有一排娟秀的字体，和上面稚嫩的字迹截然不同，这来自我们的社工，因为她说服务的案主是所有孩子中最小的，但是家庭确实是最贫困的，她担心因为孩子太小而撰写的自述情况不能打动资助者，所以自己特别写明实际情况，希望资助者能够更全面考量。我为我们社工的责任感而骄傲，这名社工是中南大学的一名研究生，现在她也投身在贵州扶贫一线。第二是这位资助者让我骄傲。这位资助者也是女院的学生，和我同级，从小在农村长大的她，求学路上接受了太多来自社会的捐助和善意，因此大学毕业后马上投身爱心奉献，这是公益的传承性，也进一步证明了，女院的公益品格是镌刻在所有学生骨血中的。

另外一个案例，和女性学更加相关，其实也是我个人作为女性学学生发自内心想做的事情。在机构服务中，我尤其关注妇女儿童的权益维护，这大概是女性学毕业生天然的使命感吧。同时，我一直以个人身份无偿服务受家暴妇女和困境儿童。这个案例中的受暴妇女是我众多服务对象之一，2020年年底，受到家暴的她在社区了解到我在无偿服务，便联系到我。见面时，她认为自己因受暴力罹患抑郁症，也自责于没办法给两个孩子完整的家庭，精神几近崩溃。我使用量表对她进行了抑郁指征测试，用科学的数据告诉她，她的精神状况良好，并针对她的抑郁情绪、自责情绪，给予有效的疏导。她的一双儿女在我们机构心理督导师的服务下，也能敞开心扉接受父母不再生活在一起这一事实。在她明确离婚意愿的前提下，我们为她链接了无偿的法律援助，5个月后她顺利离婚，并为我送来了一面锦旗。这些服务源于在校期间女性学教授们的个人实际行动影响，也源于学校坚定地推动男女平等的建校文化，我想这也是我创业的初心和使命吧。

4. 疫情时践行公益

当时新冠疫情之下，我个人及机构进行了大量的公益捐赠，包括对慈善协会的捐赠、武汉医疗物资的捐赠、一线抗疫卡口的生活物资捐赠等，希望自己的绵薄之力在国家需要的时刻能够起到一点儿作用。此外，我依托机构服务领域，积极开展疫情下的困难人群救助，给困难家庭发放防疫物资，为封控区域的家庭代买物资，对孤寡老人开展三天一次电话探访保障安全等，服务行动获得了《北京日报》《北京社区报》等媒体的广泛报道。除以上实践外，我还在一线服务中深入思考，整理材料，形成了论文《整体性治理理论视角下突发卫生公共事件的社会工作介入研究》，在《开放学习研究》期刊上公开发表，为公益理论丰富内容。公益初心、公益实践、公益理论充斥着我的创业生涯，成就了公益人张增琳，也成就了公益机构和合社工。

四、深耕公益领域——让公益之火燎原

对于未来确实有很多期待，也有很多不确定性，但整体看还是很乐观的。党的十九大、二十大不断地提出社会治理改革的要求，这给社会组织发展带

来了很大的利好。2023年，组建中央社会工作部，这也释放了扶持社会工作组织、培育社会工作人才的信号，对我们这个行业来说可能又要迎来新一轮的东风吧。这里不得不说这样的政策敏感性也来源于女性学的课程，我们的学科要求我们关注公共政策、公共议题，这份在大学期间培养出来的政策敏感性让我在机构战略规划和个人价值选择上都更具有方向性。介于这样好的发展时机，我希望在机构现有的三大业务板块上持续深耕，通过项目服务更多有需要人群，也通过项目执行为社会培育更多的社会工作人才。

我觉得选择公益，很多时候是一种互动性的成长，就像做母亲这个职业一样，自从我成为一名母亲之后，我归类母亲这个角色是一种“24小时不下班随时待命的职业”，做公益是不断的专业知识输出，帮助一个个处于困境中的群体，困境中的服务对象用感恩和更阳光的生活告诉你，你的付出值得。就像小婴儿用成长告诉妈妈你值得一样。这两个职业在我看来都是非常具有生命力和高价值感的，所以我既不能放弃做一个好社工，也不能放弃做一个好妈妈，就在这个领域不断地发光发热吧。我相信通过每一个小机构的努力，必将汇聚出强大的公益合力，让温暖、温情、温度充斥在每一方土地上。

除了机构的发展，我个人方面也有一些关于学历提升的规划。活到老学到老真的不是一句空话，我们这个行业大多时候在赋能、在输出，时常会觉得自己油量不足，能量枯竭，每到这个时候都会无比希望自己还能有学上，能够在教室里，短时间内汲取充足的养分。所以我准备在这两年申请博士研究生，目前在积极准备论文、语言成绩等。这条路不好走，但我很想去试试，我想去书里看看更广阔的世界，去和那些大思想家聊聊有趣的事儿，希望我能愿望成真吧。

五、坚定地做正确的事情——对女性学发展的期望

我是一个对女性学情感很深的毕业生，前面我说了很多女性学对我工作

选择的影响，其实某种程度上这个学科对我的职业素养训练也有很大增益。除了政策敏感度，还包括女性领导力、语言表达力、文字把控力、独立思考思辨力，这些都是职场非常难能可贵的品质。

女院的授课方式、课程设置、培养模式都锻造了这些品质。女性学最大的特点是小班授课制，很少有大学的一个课堂或者说一届学生只有 20 多人，老师能够叫出每名学生的姓名，这样的老师和学生的互动是非常频繁的。同时，因为是小班授课，我们每个学生都有走到台前去表达、去分享的机会，我们的老师和学校也非常乐于创造这样的场景。记得大二时我们有一门社会心理学课程，老师让我们做一个社会实验，然后去课堂上分享。我们组当时做的是“美丑门实验”，就是在食堂的两扇大门上挂上“美丽”和“一般”两种评价文字，然后看学生选择走哪扇门，我们用镜头记录下来，并随机采访学生。我们录了三天的视频，然后又剪辑，最后在课堂上边播放片子，边去分享这里面的专业知识。这期间我们当记者采访同学，当后期动手剪片子，当宣发和同学汇报成果，我们一个小小的作业把电影一套流程都走完了。这样的作业设置、学校的开放包容环境，让我们有了更多探索的勇气和更多的能力锻炼机会。除此之外，我们的课堂上还设置过辩论比赛、场景表演等，让我们在快乐中记住知识点，又锻炼了台前展示的能力，这真的是职场必备能力。

所以我希望女性学能够继续将参与式课堂、小班制授课、学年论文导师制、毕业论文导师制坚持下去，因为或许当下学生还没办法很好理解，但当有一天在某个场合需要某种技能时，她会发现女性学的授课方式给予了她很多不一样的能力。

我记得大概 2020 年时，我和当时还未退休的女性学教授韩贺南老师在校园里畅聊。她给我讲女性学评估的故事，她一直哈哈大笑，我却始终热泪盈眶，那是老一辈女性学人的奋斗史呀！韩老师说：“我一辈子没因为私事求过人，为了女性学系我真是豁出去了。”还有大概 2014 年，我在校期间担任陈方教授助理时，有一次在她办公室听到她打电话很悲伤地说：“我从妇女研究所来女子学院20多年，连个硕士研究点都没折腾出来，真失败呀！”那时她的眼睛已经不太好了，时常要去医院，我看着她萧瑟的背影眼眶湿润了，当时在心里默默许下心愿，能量虽小，但以弘扬女性学为己任，以促进男女平等、消除妇女歧视为己任。我想现在的大学教育，不就是为了培养一批“心怀天下，忧国忧民”的人吗？有这样一群有情怀的人，共同打造的一个有情怀的学科，怎么会培养不出一批有情怀的未来人才呢？

女性学具有跨学科性。我们学管理学，也学社会工作；我们学哲学，也要学法学。毕竟这是一门服务女性的学科，任何学科领域都有要学的东西。从某种角度看，我觉得跨学科在大学阶段是更加合适的教育模式。依靠大学本科的学习，我们很难在某个领域成为精深的专家，更多的是一种思维方式、思维能力的培养。在不同学科课程的学习中，我们看到了更广阔的专业领域，也为我们今后聚焦于某个领域奠定了基础。我的同学工作在各行各业，选择多样性的背后是学科知识丰富性的教学成果。

所以我可能因为个人感情过于爱女性学，所以我认为女性学是一个很完美的学科，未来只需要坚持下去，一直做这些对的事情就可以了，但行好事莫问前程。相信随着越来越多的毕业生走向社会，女性学的认可度会越来越高。

六、寄语——希望你们不撞“南墙”

我希望你们知道，这个世界不如你想象的那么好，但也绝对不如你想象的那么坏，或许今时今日会有一些不如意，但转角遇到什么谁都不知道，就像《阿甘正传》里面所说，人生就像一盒巧克力，你永远不知道下一块会是什么味道。坚持所想，勇敢去做，时间会给你最好的答案，不要把时间浪费在迷茫上，动起来是抑制焦虑最好的办法。我想说，不管是你喜欢看电影刷剧，还是喜欢读书健身，请相信没有什么人生是错的，相信并爱上你自己的人生，在自己的人生里逻辑自洽。最后，我希望你们能够带着女院镌刻在骨子里的自尊、自信、自立、自强走向社会，拥抱未来的人生。

关于创业，特别是公益创业，我觉得总需要多一些热爱、少一些逐利，多一些坚定、少一些犹疑，当然更需要多一些家国情怀、少一些自我得失。有幸在女院女性学四年的培养下，我因热爱而获得了感动，又因感动激发了创业热情，继而服务了更多大众，在这个过程中，深刻地体会到了“利他”带来的价值感和自豪感，也成为小有成就的创业人。如果说对自己的创业历程有什么感想，我想大概就是每个个体都很微小，只是萤萤之火，但要相信点点微光可以汇聚成星河，散发出巨大的能量；每个个体都很无力，只是薄薄轻雪，但要相信片片雪花可以堆积成雪山，酝酿出撼天动地的雪崩之力。所以要但行好事莫问前程，好好学习专业知识，积极投身想做的事情，努力成为一萤火持续发光，努力成为一片雪不断下着，终能汇聚成公益的巨大力量，点亮每一个需要服务的角落，让这世界成为美好的四月人间。在这个过程中，体味人生、丰富自我、升华价值。亲爱的学妹们，去做吧，终有结果！去热爱吧，青春当不负热爱！

在结婚之前，我一度认为极端追求性别平等的我，大概率要孤家寡人一辈子。但事实是，我遇到了一个“姐妹式”的爱人，他尊重我的选择，包容我的与众不同，赞美我的强大，他让我看到《只要有一个女人，就一定会有另一个男人》的另一个男人的样子，我们真正实现了“无性别化”。在充满祝福和鲜花中我步入了婚姻，然后又很快有了孩子。

我对家庭的服从性选择是从照顾孩子开始的，我发现，我开始为了孩子选择性地收缩我的事业，选择性地放弃更多发展的可能性，甘之如饴地待在孩子身边。虽然先生一直坚持我不应该放弃事业，鼓励我先做好工作再陪孩子，但我好像始终没办法真正地放手。突然有一天，我想明白了。女性学这门学科并不是给女性设定了一个人生范式，你要按照既定模式走才算实现了性别平等，不是你选择部分身心回归家庭、承担更多家务就是背弃了平等之追求。而是要积极致力于让更多妇女有自由的选择权，当你选择回归家庭时，社会制度能够给你家务计酬，让你的劳动付出不变成应然，让你的奉献获得应有之社会尊重；当你选择在职场拼杀时，有社会机构能够帮助照料你的孩子，让你没有后顾之忧。或者你选择不结婚生子时，社会评价体系也不会给你贴上异类的标签，这才是这门学科要走的路。想明白这些之后，我又对这门学科有了更深的认识。或者说做妈妈的人生经验让我少了一些想当然，多了一些理解和认同，激发了一些对妈妈这个群体的服务热情。时至今日，我依旧是照顾孩子的主力军，依然一个人打着两份工（当老板和当妈妈），但心胸开阔了很多。我不会劝任何一个人去结婚或者生育，我也不再会以有色眼镜去看职场妈妈和全职妈妈。我希望女性学的学生们既不怕婚姻与生育，也有不婚不育的勇气和能力，同时在遇到妈妈这个角色时能够更多地从社会制度去考量公平性，而非对个人选择进行抨击。

访谈员后记

很久以前就听闻过增琳学姐，她好像是女性学绕不开的“女人”，老师们上课会举她的案例，学校的创业论坛会看到她的分享，开会也偶尔能看到她的身影。这次有幸接到访谈她的任务，我内心激动了很久。访谈过程中，学姐给我最深刻的印象是幽默，她总能在访谈中带动气氛，让我的问题变得鲜活。她也很擅长举例子，基本说到每个抽象概念的时候她都会找到一些事或者描述一些场景，让这个概念更具体。所以整个访谈过程，我时而因为她的风趣表达捧腹大笑，时而因为她的救助案例眼眶湿润。后来她说这是表达能力，是语言的张力，这是女性学学科培养锻造的，我以后也会一样有熠熠生辉的表达。我惊叹于她对女性学或者说女性学系的情感，她说她想做一本《女性学建系史》，她怕那些老教授为学科发展付出的辛劳会随着时间淹没在历史的洪流里，忘记有些东西并不是天然就有，是靠一辈辈人争取、奉献而来。随着访谈的深入，我才明白这是女性学的精神传承，是她从她的老师，其实也是我的老师们身上学到的精神，并进一步内化、放大，开出自己的花。我很迫切地想把增琳学姐的分享带到大家面前，希望每一个女性学人都能切身感受到这份震撼。写到这里，我突然又福至心灵，为什么学姐是女性学绕不开的“女人”，因为她大概就是女性学培养出来的学生的样子吧。

此外，在访谈中，学姐的公益之路、公益选择也让我颇受震撼，在我的认知里，做公益属于精神快乐、物质匮乏的选择，大部分人都要纠结一下，但增琳学姐好像从来没有为此纠结过。她说做公益又不是要你做苦行僧，每个人都应该在自己生活的维度里有尊严地活着，做公益也一样，先把自己照顾好，才有不竭的动力去服务更多人。她似乎总有能力把复杂的问题简单化，这是因为她有一颗比较纯粹的“利他”之心，正如她所说，她只把自己当成一片雪，然后一直不停地下着，后来回首才发现自己汇聚了雪崩之势。我也希望读到这里的你也在心里落下一片雪花，在适当的时机开始飘落，一起汇聚公益力量。

学会经营自己的人生

——2013级女性学专业毕业生范勇

访谈时间： 2024年3月17日19:02—20:57

访谈地点： 肯德基（和盈中心店）

受 访 者： 范 勇

访 谈 员： 杨 超（妇女发展学院女性学系2022级本科生）

人物简介

范勇，28岁，籍贯安徽，已婚，育有一女。2017年本科毕业于中华女子学院，就读于女性学专业，辅修法学双学位。现担任北京市朝阳区某基层政府单位一级科员。

一、我在女院的那些日子

2013年的夏天，高考成绩出来以后，我选择了报考北京的高校，想去一线大城市看一看。

我通过各种途径了解女性学专业，因为这是新兴学科，加上开设这门专业的高校很少，所以对这个专业十分好奇，而且当时这个专业是女院一本线以上招生的，所以我就选择了这个专业。带着满心的欢喜和期待，我来到了中华女子学院。

初次来到这所学校，我感觉校园的面积不大，学生的数量也相对较少。我认为，关于女院的优势，第一是学校环境和氛围比较单纯，人际关系比较和谐；第二是比较有人情味，因为女生占据绝大多数比例，校领导和老师们都比较关爱学生，尤其关心爱护女生的身心健康和学业成绩。

在专业学习期间，有几位老师令我十分钦佩，他们的言传身教令我记忆犹新。还记得和蔼可亲的孙晓梅老师，热情开朗的罗慧兰老师，学识渊博的于光君老师，诙谐幽默的刘伯红老师……从于光君老师和张健老师的课堂上学习的一些分析问题的思路，在如今的工作中仍然能够起到很大作用，在后来读非全日制研究生期间，撰写论文的时候，还会运用到很多在两位老师课堂上学到的研究方法。大二的时候，因为我对法律知识有着浓厚的兴趣，并且计划毕业以后跨专业报考法学领域研究生，同时在职业规划上准备考公务员或事业单位，与法学专业相匹配的岗位和求职机会比较多，所以我报考了女院法学专业双学位。我还记得在法学院邢红梅老师的课堂上，她曾经提到有取得女院法学双学位的学姐，毕业时考上了北京市的公务员。因为北京市的公务员是认可双学位学历的，这也坚定了我把双学位读下去的信心。

女院的生活环境十分不错，不论是当时的北七家镇还是育慧东路，学校在为学生衣食住行方面的保障考虑得很周到，也很注重安全和质量。食堂饭菜品种很多，价格也很实惠，洗澡条件也很不错，学校有体育馆和健身房，生病时，可以花很少的钱去医务室开药。总而言之，在女院生活真的会有一种在家里那样轻松自在的感觉。

在人际关系方面，校园里同学的友情是珍贵的，直到现在还是会想念大学同学，怀念大家一起出去游玩、一起制作 PPT 完成课堂汇报的那些日子。我还记得大一开学报到的时候，第一次在寝室遇见热情的室友们，大家来自全国各省，各自分享着家乡的特产，分享着各自的人生经历，组团一起去食堂吃饭，一起去浴室洗澡，一起外出吃自助餐，一起参加社团活动……有太多美好值得怀念，直到现在回忆起在女院的点点滴滴，内心还是会充满温馨和感动。我十分想念女院的老师和女性学专业的同学们，真的很感恩我们曾经遇见、相识，那些美好的过往也终将成为宝贵的人生财富。

二、参加工作后的这七年

2017 年 6 月，我从中华女子学院女性学专业毕业，同时获取法学专业的双学位，入职北京市朝阳区某基层政府单位，主要从事行政执法工作，工作职责就是依据单位的执法职权，开展行政执法检查和违法行为行政处罚。参加工作的这七年，我也曾经多次被借调到朝阳区的其他政府机关，对于机关单位内部其他业务也有所熟悉。

这些年，我最主要的工作内容是从事一线行政执法工作，执法职权主要涉及朝阳区管辖区域内的节水、排水监管工作。我所在的单位男多女少，而且很多同事都是退伍军人，每天的工作节奏基本上就是保持“上午外出执法检查，下午留在单位整理执法资料、对违法线索立案调查”。

2017 年 10 月，刚参加工作不到一个星期的我被安排去朝阳区某社区挂职锻炼，当时正值党的十九大召开，社区的工作压力很大，周末也会集体停休值班。我被安排到办公室，负责综合管理相关工作，但是根据挂职单位的工作安排，需要定时前往社区巡查。当时的巡查制度，晚上也需要派员外出，领导一般都会把女同志安排在白天，男同志安排在晚上。因为男同志人数少，我积极主动表示自己也可以晚上前往社区内部进行巡查，但是被领导否定了，因为在领导和其他人眼中，女性不适合晚上外出，不安全，同时对于已婚已育的女性，下班还需要按时回家做家务活儿、照料家人。这件事情对于初入职场的我来说，让我感受到了深深镌刻在普通大众心中的女性形象，就应该是一个柔弱、顾家的角色，而不是在社会上、职场上，能够独立承担一项任务、一份责任的角色。

从大学校门进入工作单位后，一个最明显的感受就是在性别意识上的差异，这种差异来自社会对女性的传统观念。事实上，“男主外、女主内”这种观念不仅体现在家庭分工上，也会影响到职场中的职责分工。在这些年的执法工作中，我主要负责内勤，就是在办公室内负责文书材料的制作、发放和整理，除非特殊情况比如缺少人手，才会让女性执法人员外出执法。因为女性在先天条件上存在一定的劣势，比如有一段时间我和同事外出检查，到达被检查单位的办公场所，对方负责人一看是女性执法人员，根本就不会重视，甚至不会配合执法工作，所以一般执法单位都倾向于男性执法人员外出检查。

我记得参加执法工作的第一年，单位开展过一次强制执行的行动，前往执法现场的都是男性执法人员，因为我是新进人员，领导为了让我多学习多接触，所以让我也跟随前往。到达现场后，只见一排破屋门前，有一个剃着光头、膀大腰圆的文身男子站在最前面，指着其他部门的执法人员破口大骂。那种架势我在现实中第一次见到，当时的我还是有一点点胆怯的，领导让我站在路边，不要跟着向前靠，为了我的安全考虑，让我做好现场记录就可以。就这样，我真的在本职工作上意识到了，作为女性在一些职场环境中，或者说是一些完成特殊任务的场合，存在着一些天然的劣势。因为被执法的对象会拒绝履行法定义务，不认可执法工作的内容和程序，很多时候甚至会使用语言和行为上的暴力手段阻碍执法，作为女性执法人员很自然就会存在劣势，人身安全可能都会受到威胁。男性和女性在体力上的差异是不可否认的，自然而然地让女性慢慢远离这个工作圈。随着时间的推移、工作阅历的增长，我逐渐适应了这种工作氛围和工作模式，学会了如何在男性主导的职场领域中找到自己的位置，我认为这并不是一种对性别差异的“妥协”，而是一种在现实环境中勇敢地去适应和融入，外出检查是工作，坐在办公室整理资料、撰写材料同样是工作，在工作中找准自己擅长的任务、感兴趣的项目，一样可以发挥出女性执法人员的作用。

职场中的性别差异是客观存在的，客观存在的基础上也导致主观上的性别差异，女性所具备的特质并不是真正的劣势，而是没有被“发掘”出来的优势，不应该成为被埋没于职场中的缘由。与男性相比，女性做事风格上耐心细致，人际交往上善于沟通，这在处理基层单位中的一些复杂问题时显得十分重要，尤其是涉及与人沟通，解决人际问题的事务，女性特有的优势就会体现出来；而且，女性更加善于学习，在执法技能比赛时优势很明显，一般考试能力很强的选手中女性占比一半以上，这也说明了女性在某种程度上更擅长理论学习。

在执法过程中，我不光学会了如何与不同性格的人、不同职业的人、不同观念的人去沟通协调，而且也学会了如何在压力下保持冷静、沉着应对，有条不紊地把工作推进下去。我认为这些都充分发挥了女性天生的特质，从而展现出了女性在职场中的角色优势。

三、我的婚姻观和家庭观

我的恋爱经历和婚姻经历，可以用普通和平淡这两个词语来概括，其实没有什么浪漫的回忆，也没有什么重大仪式感的求婚和订婚仪式，虽然想起来有点儿遗憾，但是随着人生阅历的增长，我觉得这一切不是很重要。整个经历回想起来，其实就是认识一个和自己生活习惯相似的北京高校男生，经过大学期间到参加工作的几年相处后，顺理成章地结婚生子。

恋爱时期，感觉一切都是美好的，但是结婚后在北京面临的生活压力和生存问题很多。我们的家境普通，从小被严格要求好好学习，妥妥的一代“小镇做题家”，很幸运地来到北京这座大城市，也充满着幻想和希望，我们以为只要好好学习，只要努力工作，就一定能够在大城市里立足。但是，事实并非如此。虽然生活压力很大，但当我成为一位母亲，我发现自己成熟了。我可以承受各种经济压力、忍受身体上的不适，尽力保障孩子的基本生活质量，这就是“可怜天下父母心”。

也就是这时候，婚姻和恋爱的区别才能够真正地显现出来。但是，这并不是要求我们畏惧婚姻、拒绝面对现实，只是说在选择婚姻的时候一定要慎之又慎。恋爱时期的两个人应该是志趣相投的，只要互相爱慕、双向奔赴就好；但是，婚姻中的两个人应当是条件相当的，因为走入婚姻后要面临更多深入的问题，尤其是解决一些家庭矛盾、生活问题的时候，如何达成一致意见，这样才有助于婚姻的稳定和幸福。

结婚之后，我既需要认真投入工作，也需要承担起家务劳动。在我怀孕以后，单位领导和同事对我相对照顾一些，很少再跟随他们外出检查。因为在绝大多数人的眼里，怀孕后的人需要“被照顾”，从而承担的工作任务变少，所以相对来说在职级晋升、职务提拔等方面就会受到影响。事实上，怀孕期间我并没有因为身体不适而回避任务、推卸责任，一直正常工作。生完孩子之后，身边的领导和同事还是会以“照顾孩子”为理由，在工作上“关照”我，尽管有时候这种“照顾”我并不想接受，努力地主动承担更多的工作任务，但还是会被忽略，因为在他们看来，我理所应当把更多的精力放在家庭和孩子身上，这也在一定程度上限制了在职场中的进步空间。我意识到，不论你个人的性别观念如何强，但是身处环境和周边的人群如果没有全新的性别理念，那么很多事情都很难改变，就连作为女性的自己也会被迫与现实妥协。

关于结婚后的生活模式，我和我的丈夫基本上是共同承担家庭内外的所有责任，我们俩都需要外出工作，回到家里都需要承担家务劳动，晚上下班回家后，如果我选择了做饭洗碗，他就选择洗衣擦地，我们之间早已形成了一种相对平等的分工模式。其实，很久以前我的丈夫也说过，他所生活的家庭里，观念比较传统，基本上是“男主外、女主内”，因为婆婆没有工作，做了几十年的家庭主妇，一直包揽着所有家务劳动，尤其是对我的丈夫十分爱护。但是，我没有把这种传统观念带入我们的小家庭。我通过使用自己全新的性别观念，从恋爱时期开始，慢慢给他灌输性别平等意识，从平时的相处中养成他的习惯，慢慢地感染他、渗透他，婚后的生活没有形成“男主外、女主内”的传统模式。我的丈夫从之前不会切菜，到现在做四菜一汤都不成问题。我的婆婆在北京帮我们带孩子，和我们一同生活，还是会在生活上“照顾”我的丈夫，其实我能够理解，因为我的丈夫不管年龄多大，在她的眼里都是她的儿子。为了减轻婆婆的负担，我和丈夫跟婆婆商量，她只要帮忙负责孩子的衣食住行就行了，我们作为成年人可以照顾好自己。后来，婆婆也接受了我们的建议，除了把孩子带好，其他的事情都不再干涉了。

我想，婚姻和家庭生活就是这样，首先要找到适合自己的人，然后在相处的过程中要互敬互爱、学会沟通，同时也要学会包容、学会适应，这离不开家庭中每个人的努力和配合，并不是男性或女性一方的责任和义务。

一转眼，我已经从女院毕业七年了，也即将进入而立之年。现在的我已经成家立业，身处的这个小家庭的生活模式相对稳固，在职业规划方面早已没有早年那样远大，确有些安于现状的思想。我认为，这并不是不求上进的体现，而是一种接受现实、知足常乐的心态。其实，人生的几十年不过如此，轰轰烈烈也好、平平淡淡也好，都不过是为了一日三餐、吃饱穿暖。我们绝大多数人都是普通人，能获取一份稳定的生活，是绝大多数人所向往和追求的。所以，我应该适应现实，踏踏实实做好眼前工作，认真对待每一天的生活。

关于子女的教育，我不会对孩子给予过高的期望，我不想天天用“别人家的孩子”鞭策自己的孩子，从而让他变得自卑、叛逆，甚至抑郁。我认为，应该依据孩子的兴趣爱好，慢慢去引导和培养，逐渐找准并培养好孩子的特长。更何况，作为父母，子女的健康成长是最重要的。另外，我绝对不会“鸡娃”，因为每个人的一生很漫长，不能因为某一阶段的落后而去否定一个人一生可能会实现的价值，尤其是作为父母不应该剥夺一个孩子幸福的童年、美好的年少时光。一个人只要不放弃、肯努力，就会取得非凡的成绩。

没有做母亲的时候，我会希望孩子以后一定要考上清华大学、北京大学之类的名校，以后一定要成为一个顶尖的人才。但是真正成为母亲之后才发现，孩子健健康康、平平安安地成长才是最重要的。我还记得，孩子很小的时候深夜发烧，连续几天高烧不退，抱着孩子住院观察的时候，心里就会想孩子要是能永远不生病多好啊。孩子在不到百日的时候，有段时间突然全身湿疹，大便带血，到医院进行一系列检查后基本确定是蛋白质过敏，普通奶粉甚至母乳都不适用，最终迫不得已给孩子吃了氨基酸奶粉。那时候，我才真真正正地感受到，作为一位母亲，最大的心愿其实就是孩子能够一生平平安安，所谓的功成名就都是过眼云烟而已。

四、关于女性学专业的一些思考和展望

关于女性学专业，我还记得从大一开始，西方妇女运动理论、中国妇女史等理论课程占据教学任务的很大比例，这些专业课的理论知识是必不可少的，也是作为女性学专业学生必须掌握的基础内容。令我印象深刻的是王向梅老师的中国妇女史课程，通过对中国妇女发展历史的解读，从母系社会到父权制社会，女性在不同社会背景下所扮演的社会角色，历史上一些社会制度和风情民俗的产生和运行，让我看到了女性不论在什么样的历史时期都有自己的历史使命，身为女性一定要认清自身所处的社会环境，充分发挥自身

的能力和特长，在历史发展的长河中贡献自己的力量。在参观中国妇女儿童博物馆的时候，观看青海喇家村遗址有关内容时，一位母亲在面临无法抗拒的灾难时，双腿跪地怀抱幼儿，乞求着上苍救助，这位母亲大难面前仍然死死护住孩子的姿态令人动容，展现了四千多年前母爱的伟大，体现了女性力量的光辉，让我看到了一位作为母亲的女性，早已把子女的生命置于自身生死之上的伟大精神。

还记得在孙晓梅老师的课堂上，第一次深入了解到阿根廷第一夫人——贝隆夫人的事迹，她作为一个从阿根廷底层人民中走出来的女性，不因自己的出身而妄自菲薄，通过出色的气质和交际能力在布宜诺斯艾利斯成为一名女演员，并且在这里遇到了她的丈夫胡安·贝隆。在 1946 年阿根廷的总统竞选中，她为了支持丈夫的工作，在每周播出的广播节目中，强烈号召穷人选举胡安·贝隆，通过强调她自己穷苦的身世来取得底层阶级共情，从而实现底层群众的团结和支持。1946 年，胡安·贝隆当选阿根廷总统后，她出任阿根廷劳工部部长，逐渐地成为当时阿根廷最有影响力的人物之一。但是，不论什么时候，她都十分注重维护自己丈夫的地位和名声。她的事迹让我看到了贝隆夫人既有独立自强的一面，又有贤惠担当的一面。

通过对女性学理论的系统学习，我逐渐形成了一种从客观角度审视性别关系的习惯。但事实上，女性学专业不仅应当在理论上丰富自己的认知、武装自己的头脑，同时在研究方法上，增强学生的调查研究和分析问题的能力，这些能力都十分重要，尤其在参加工作后，负责调研项目并撰写相关材料，这些调查研究和分析问题的方法都十分重要，能够展现出个人学术能力的专业性。这或许就是人文科学最基本、最实用的一项技能。

所以，在女性学专业课程配置上，我认为应当增加研究方法相关课程的比例，这样既能够提升学生的科研能力，又能够在毕业后工作中凸显出个人的办文办会办事能力。对于一个专业开设最终的目标，应当是如何让学生掌握专业技能，运用到工作上，这样才能真正实现专业价值，从而实现女性学专业开设的初衷。

女性学专业如何发展壮大？我个人认为，这可能是一个逐步适应、逐步扩大、逐步渗透的过程，女性学专业还需要很长一段时间去被大众认知、被社会认可，因为这是一门学习人数少、开设课程的大学少、社会宣传覆盖面小的学科。首先，学习的人少，就意味着知道它、了解它的人数少，从而宣传它、推广它的力量就很薄弱；其次，开设女性学专业的高校很少，从而培养出来的专业性人才就很少，真正算得上女性学领域的专家学者相对就少，从而能够推广女性学、建设学科发展的力量相对就小。所以，女性学专业如果要发展壮大，就需要在更多的高校开设这门专业，就需要适当增加女性学专业的招生人数。

女性学专业毕业的同学们应该如何去面对社会现实？第一，我建议学妹们不论是在大学在读期间，还是走上工作岗位，都不要对女性学专业产生任何负面观点。曾经有同学抱怨，认为女性学专业四年的课程读下来，感觉学到的知识很笼统，对“学以致用”这四个字感到十分迷茫。然而，我的理解是，不论哪一个专业，尤其是人文社科类专业，在本科期间的学习内容都是很宽泛的，因为本科教育本身的宗旨就是素质教育，真正对专业性问题深入探索，一般都是在研究生阶段。所以，本科四年教育正是一个形成良好学习习惯、培养正确价值观的阶段，应该正确认识到这一点。第二，我建议学妹们不要因为就业遇到困难就产生对女性学专业的负面情绪，有的同学曾经认为女性学专业在招聘市场上岗位很少，很多招考公告对专业限定得十分局限。但是我认为，每个专业都有自己的局限性，不论是“双一流”高校也好，还是普通高校也好，不论是所谓热门专业也好，还是冷门专业也好，在就业市场上的决定因素还是个人的综合实力，更何况现在很多领域工作专业性并不是很强，很多参加工作的人所从事的行业并不是自己大学所学专业，只要有一颗自信而且好学的心，在任何工作中都能凸显出自己过硬的实力。第三，我建议学妹们依据自己的优势和特长，找准适合自己发展的道路，女性学专业毕业的学生有考研的、有考编的、有出国深造的、有创业的，总而言之人生发展的途径很多，有时候也需要多尝试、多请教、多总结。优秀的学姐中有人成为学术型人才、有人成为优秀企业家等，我相信她们都找到了适合自己的职位，找到了适合自己的人生和满意的生活。职业不分贵贱，都有自己存在的价值和意义，女性学专业的学生更应当认识到这一点，有一种观点叫"先就业再择业"，只有先积极进入劳动市场，在不同行业积累经验后才能选择出适合自己的那一份职业。

五、永不消减的女院情怀

从女院毕业后，我也一直从微信公众号上以及别人的口中，断断续续关注着女院相关的动态，当我看到女院新增一本录取专业的新闻，看到女院增设了硕士点，都会为女院感到十分骄傲和由衷的兴奋。在工作中，每当有人问起我从哪里毕业，我都会很自豪地说"中华女子学院"！然后简单地介绍我所就读的大学和专业，很容易引起人们了解我、走近我的兴趣。某种程度上，女院在某些场合给我创造了一些与众不同的机遇。

我还记得大一开学军训期间，观看张晓菲、赵娜学姐积极报名并参加国庆 60 周年阅兵式，为母校争光的事迹，第一次对两位学姐有了很深的印象。直到参加工作后，某次偶然的机会在朝阳区某机关遇见了赵娜学姐，我很兴奋地向学姐介绍自己，并向别人说起赵娜学姐是我们学校的骄傲，其他人也都会向我们投来赞赏的目光。我单位有几位军转干部是从朝阳区武装部退役下来的军官，当我向他们说起中华女子学院的时候，他们都会对女院的学生赞不绝口，尤其是提到女院的女民兵高炮连，他们对女院学生独立勇敢的个性大加赞赏；他们也曾赞赏过很多女院的学生在最美好的年华报名参军、应征入伍，为国防事业奉献青春……就这样，某种程度上，毕业很多年之后的我还在享受着女院给我带来的荣光。

直到现在，我还在潜意识里寻找和母校的交集。我有一位同事曾经在北京市商业学校任职过几年的后勤老师，那时候中华女子学院北校区还在北七家镇，我曾经和他开玩笑："大一的时候在北校区，我们是不是有过无数次的擦肩而过？"工作之余，他也偶尔会和我聊起中华女子学院北校区的老师和学生们，从他的角度我也听到过很多关于母校的信息。他说，女院的学生是从全国各地高考选拔而来的，在一个女性占主导的校园里，更凸显出女生们独立自主、不畏困难的品质。他也曾经提到熟悉的女院北校区的几位老师，比如郭春红、杨晓峰等，每当在工作之余听到这些话，我感觉很是亲切，很容易陷入从前的美好回忆中。

在几次专项工作期间，曾经和同事负责亚运村附近商户的巡查，其中有好几次开车路过中华女子学院，每当车子经过望和桥的时候，我都会心头一颤，一股莫名的激动涌上心间，然后同事们就会说"你母校到了""你到家了"，路过学校大门口的时候会忍不住多看几眼，或者多拍几张照片。有一次，整理执法资料的时候，看见女院提交的相关证书和资料，不禁拿在手里多看几眼，在心里多读几遍，或许这就是我和女院的情缘未了，从前的那份美好情怀还存在着。有时候，我也不免会想下一次能够近距离接触母校的机会是什么时候呢？

访谈员后记

在这次访谈中，我与范勇学姐的对话平实而真挚。她是一位女性学专业的毕业生，同时也是一名一线执法人员，她的经历和见解为我们揭示了性别差异在现代社会中的影响，以及女性如何在职场、家庭和社交场合中应对性别偏见。

范勇学姐回忆起她在女性学专业学习的四年时光，她认为这段经历虽然短暂，但对她的影响却是深远的。她学会了从客观的角度审视性别问题，认识到性别差异在社会角色和家庭角色中的体现。她指出，这些差异往往给女性带来不便，比如在职业晋升、家庭分工和人际关系中，女性有时会被贴上带有性别偏见的标签。

在工作中，范勇学姐深刻感受到女性在体力和精力上可能不如男性，但在行政执法程序的合法性和合理性方面，女性的性格特质和办事风格能够发挥独特优势。她强调，执法工作不仅是外勤，内勤工作同样重要，而女性在这方面可以做得很好。

谈到生活，范勇学姐认为，无论是男性还是女性，都有责任履行作为家庭成员的职责，如孕育新生命、打理家务等。她提倡男女之间应该相互配合和分工，而不是互相责备和推卸责任。她分享了如何在家庭中为自己"发声"，敢于表达个人意见和提出分工方案，以避免性别歧视的影响，并保障自身权益。

在人际交往方面，她努力塑造一个积极向上的女性形象，从自身做起，改变对女性形象的刻板印象。她相信，通过个人的努力和潜移默化的影响，可以逐渐改变社会大众对女性的认知和态度。

通过这次访谈，我深刻感受到范勇学姐作为一名女性学专业毕业生和一线执法人员的独特视角。她的经历和见解不仅为我们提供了对性别问题的深刻理解，也激励着我们去思考如何在日常生活中促进性别平等和尊重性别差异。范勇学姐的故事，就像一盏灯，照亮了我们前行的道路，提醒我们在这个多元而复杂的世界中，每个人都应该被平等对待，无论性别。

诚明不动逍遥趣，出入行歌任夏秋

——2014级女性学专业毕业生任俊飞

访谈时间：2024年3月17日9:51—11:15

访谈地点：北京市海淀区苏州街神州数码大厦

受 访 者：任俊飞

访 谈 员：郭苏悦（社会工作专业妇女发展方向2023级硕士生）

人物简介

任俊飞，中共党员，山东籍。中华女子学院女性学专业2018届优秀毕业生，本科学历(法学学士)。从事智慧城市物联网行业，现任北京新再灵技术发展有限公司总经理、北京梯之星信息科技有限公司总经理。

一、与女院结缘

高中的时候我存在偏科的情况，其实我文理都还不错，但是我化学那门课特别差，所以没办法选择理科，只能就读文科。其实一开始女院女性学专业不是我自己的选择，高考报志愿的时候我选的大概都是政治之类的专业。因为那会儿是平行志愿，在选择最后一个志愿的时候是我爸爸选的，他觉得这个专业可能将来跟妇女工作、妇联相关，所以就填上了，但是当时我并没有觉着这是我的第一志愿，最后是调剂来了这里，步入中华女子学院学习。

二、对女性学专业的印象和收获

我在上大学之前对这门学科其实没有特别系统的认识，对专业的理解也非常浅层。我们大多数同学来到学校之后，在交流的过程中觉着我们学的一些东西太宽泛——女性学专业跟别的学科的杂糅性其实挺大的。大一、大二的课程比较偏向于通识的基础教育，而且也没有特别强化关于妇女工作的内容，所以那会儿我心里的落差蛮大的。但是后来我觉得也还好，因为大三、大四时补充了一些跟这门学科相关的内容。我们班级也有一小部分同学极其喜欢钻研女性主义的理论，所以从后面毕业就业的情况来看，确实比较分化。一部分像我这样的基本上不从事与专业理论相关的工作，还有一部分同学选择特别贴合专业的工作，去了一些国际NGO组织等做妇女工作。

女性学专业具有强大的师资力量，我们是小班上课，又有点儿像研究生的教学模式，我们的老师教学观念比较先进，这一点对于我来讲帮助特别大。

对于学校的女性学专业，我在以下几方面的收获颇深。第一，在课程设置上，它的跨专业融合性是比较高的，所以我们涉猎了很多课程，比如管理学、心理学、法学、社会学、社会工作等，还有文化传播方向的课程，这些课程的学习让我的知识面更广，对我的工作很有帮助。第二，在整个教学体系上，它比较重视实践，我们有很多与不同的组织沟通参访的机会，还有很多亲自动手实践的课程，所以能够帮助我们更好地融入社会。第三，在核心价值上，它倡导女性的独立自主，加之对女性主义的认知，我们会更加注重自身能力以及独立性的培养，从自己内底里改变和提升。

三、四年身为“班长”的感悟

从大一到大四，我一直都是我们班的班长。当班长肯定要比别人付出得多，像很多评选，或者学校内部的通知，还有学生所有的活动安排，基本上都集中在班长身上。这些工作确实锻炼了我做事的逻辑性，也帮助我提高了与不同性格的人打交道的能力。

当班长这件事情没有那么大的挑战性。因为我以前就有这样的经历，我本身的性格有时候可能会被认为擅长做这个领域的事情。我认为，如果有些同学不太擅长做这样的工作，但是又很想挑战一把，就应该鼓励这样的同学去尝试一下，给他们提供更多尝试和锻炼的机会。这件事情对于我来讲，唯一的挑战就是从来没有跟这么多女生一起合作过，锻炼我如何以更好的方式去统一不同的想法和声音，说服这么多不同性格的人去共同干一件事或合作好一件事。我认为性别刻板印象的呈现是有社会原因的，它能帮助我更好地去理解刻板印象背后的原因，去看待不同人之间的差异，这使我更加包容，不会斤斤计较，所以我觉得这方面对我今后的工作有很大的帮助。它教会我看一个人不能只看表象，我会关注到、理解到他背后的成因，所以能够帮助我更好地做管理，也能够帮助我变得更加豁达。

四、实习与工作经历

我毕业的时候没有想过去北京之外的其他地方，因为我大二、大三每个寒暑假都在北京实习，在我大四还没有毕业的时候，就已经找到工作。

我第一份特别正式的实习应该是在中国社会科学院，做一个社会调查的项目，周期还蛮长的。然后我又去了妇联，在我们统一的实习周之前我已经去过一些其他机构，如中国妇女报社，还有一些其他的公司。我基本上把不同类型的工作都尝试了一遍，既有内务的，也有对外的，还有不同类型的单位，所以我找工作的时候就有一定经验了。

我毕业之后第一份正式工作是在阳光媒体集团，毕业之前就在这里工作了。这份工作跟我们专业相当对口，因为这是一家名为天下女人研究院的公司，隶属于阳光媒体集团，其主旨就是帮助中国内地的优秀女性成为更好的管理者，培养女性领袖，公司的整个内核跟我们的专业性是蛮强相关联的。工作上也都是各司其职，因为它跟我们专业的关联性很强，在我去寻找女性教育的课程老师，或者招收学员、对外沟通的时候，我的专业背景对我来讲非常有帮助。大家一听你的专业背景是性别研究，又在做“天下女人”的工作，自然会对我的专业度有特别高的预知，所以我认为强专业性能够帮助我们做这种强关联性的工作。

我做这份工作的时间并不是很长，差不多一年的时间，然后我就从这家公司跳到了日立，工作一段时间后，我的想法又发生了变化。对于我来讲，我认为自己的自身价值可能会更大，能够自己创造更多的社会价值，所以我就转去实体了。之后我就一直在电梯行业做到现在，但中间也是有变动的，我短暂地跳出来做过互联网公司，去过“有书”，后来一直在做电梯物联网这类科技行业，其实还是与电梯相关，目前我已经做到人工智能物联网新的行业赛道了。这么多年工作上有一些变动，但整个的主干道还是在电梯领域里。

五、女性学专业的学习对我工作与人际沟通的加持

我觉得最有帮助的还是我们专业带给学生的底层内核。直至今天，我从不认为自己是一个很传统的柔弱女性，所以我在很多工作上并不会天然地给自己去设障碍、做隔离。我所在的电梯行业基本上女生很少，对于一个完全没有接受过我们女性学课程训练的女性来讲，除非你的性格底色特别强硬，否则大多数人可能会对这个行业有一些抵触，因为这份工作每天面对的几乎全是男性。我既有男性特质的一面，如坚毅果决，能跟大家打成一片，又有女性细腻的特质，我可以多想几步，更容易体察到身边人的变化，洞察力会更强。女性学专业对于我来讲是双重加持，这是女性学的内核思想带给我的影响，它从来都没有强调女人应该是什么样子，这对我有特别大的帮助。

我觉得要想处理好人际关系，尤其处于这种复杂的职场环境，特别要做好向上管理以及向下管理，还要拉通各种平行的关系，这些关系的处理与方法论肯定是不一样的，需要长期的经验积累，我要不停地反思，这需要悟性。跟人打交道需要有一些天赋，需要有情商，最重要的是底层逻辑，尤其是像我的工作具有很强销售性质，我们的洞察力特别重要，这决定了我们跟每个人的交流方式和沟通逻辑不同。洞察力来源于我们对于人性的认知，因此，在我们的学科建设中，我们对于社会的心理、社会性别的认知，对步入职场至关重要。对于一个人的认知，别人可能不会从性别因素上去分析，而我看到一个男性，我会从男性视角、从性别视角去分析这个人，我们的洞察力会比没有这种视角的人多一层，洞察会更精准。在女性学的课程体系中，我们很早就开始做各类社会实践活动了，我们跟“人”打交道也比较早，这些经验对我们工作非常重要。所以在课程学习上，我认为提高对人和社会的认识，这两点很重要，这是我们踏入社会后极其重要的底层核心竞争力。

六、如何看待职业与家庭生活的平衡问题

我看到很多同事在婚姻和生育问题上与她工作的“冲突”，虽然达不到冲突的程度，但至少需要个人去平衡。女性在整个社会大环境里，社会对于她在家庭职能上的要求一定是多于男性的，直到今天，这个现象仍没有改变，至少在我的经历里，周边的女性同事、朋友、领导，她们仍然面临这样的问题，甚至在整个平衡过程中，她们会更多思考自己家庭的重要性。如果以前在事业上可以 100 分发力，现在只能发力 80 分，还是要照顾自己的家庭。我现在还没有遇到这个问题，如果我遇到了，我想我也会去做平衡。

我认为职业与家庭生活的平衡问题不能简单地看成一个女性要面临的问题，我们把它从更深层次来看，这是两性都要面临的问题。每个人都应该去平衡好自己的社会价值和家庭职责，只不过在现有的框架里，女性面临的平衡问题更加明显。我认为更底层的逻辑就是现在的企业，尤其是私企，用人的成本和收益是很难平衡的，基于这种经济体系的考量，公司就不太愿意接受一名员工有十月怀胎的周期，这个时间需要找一个人来替代她完成工作，并且一个生育完的女性回到岗位后，替代完成工作的这名员工还要面临更多选择性的问题，其实，这对于企业来讲，增加了特别大的成本和风险。所以我认为，如果我们能把底层逻辑这条线疏通，帮助企业更好地应对这个问题，反而会有利于社会更加包容职场女性的生育。现在所有的问题背后还是怎么去构建一个更平衡的体系，才能帮助每一个人在家庭和事业中做更好的平衡。

七、针对人工智能发展与女性学专业相关的见解

现代社会人工智能带来特别大的利好，工作会更加效率化、智能化，甚至说可以超越普通人做的一些基本工作了。但是带来的弊端，我认为现在还

涉及不到性别问题，人工智能的大规模发展，会导致社会上有大量在普通基础岗位工作的人失业，我认为这个问题可能要比我们的性别问题严重得多。我现在还没有想到人工智能会对性别问题造成哪些影响。

说得直白些，就是我们需要跟着整个的社会发展走，那么，像现在人工智能已经成为大热的话题和将来的趋势的时候，现在人应该做的是什么？是如何应用人工智能。人工智能不可以成为替代我们的方式，我们应该把它作为帮助我们提高工作效率和提高认知的一种工具，就是把人工智能当成工具来用、当成工具来思考，人工智能是需要我们来构建和适应的。以前我们传统的工作方式，比如写文案，我需要自己搜索文件、自己编辑、自己产出，文案的底层逻辑和质量可能取决于你的阅读量、知识的涵养等，但是在这个时代，你可以借助人工智能，那么，它就需要另外一套逻辑思维，我们怎么去用人工智能，怎么用好这些工具。如果我们要发展，我认为在接下来所有的课程中，应该去培养应用掌握人工智能的技术，以保证我们不会被时代所淘汰。所以说到根本，我认为还是这个时代会导致我们做事情的一些底层逻辑发生改变，这是需要我们重塑的。

八、对女性学专业发展的展望及给同学的建议

我并没有从事性别专业相关的工作，以我现在的经验，我觉得院系应该更加努力培养学生对于人的理解的能力，类似于我们对于社会心理和社会现象的研究，还有性别怎么才能在社会现象里去融合，这些方面的知识应该是需要加深的。

其实，在中国当下的社会里，我们专业确实应更加贴近我们的国情。西方女权主义有它特定的历史背景，如果我们把那一套完全搬过来，或者大部分搬过来，它跟我们现在的环境并不契合，而且我们也不会像西方女权主义

走得那样激进和快速，更主要的一点就是，西方女权主义的发起者跟我们现下的学生受众，并不能放在同一个阶层范围内去对比，所以无论是从出发点，还是群体的覆盖面，以及当下的国情，大家解决的问题是不一样的，所以，这个课程的设置，应该与我们中国的国情相契合。整个女性学体系的建设，更应该增加本土文化教学，即学科本土化。女权主义在中国的本土化，应该是一个什么样的体系？我认为在今后的学科建设里，应该把符合国情的内容加进来，特别是在课程设置和课程实践中，我们更应该去了解现有的政治体系、政治制度和社会环境，增加我们对传统哲学思想的了解，有更深的认识和融合会有利于学科的发展建设。我们目前的课程体系有它存在的合理性和顺延性，大家学习得也特别好，但是我们发现步入社会之后，这套体系跟整个大环境不是那么融合，这需要我们自身去调整。

我觉得对于整个的课程构建，一定要中西结合。其次，在整个学校的体系里，应该更加重视女性学专业的发展，重视女性学学生将来的发展和就业。另外，大学四年时间很宝贵，除了学习，大家要多跟社会接触，多尝试不同的自己不了解的领域，甚至说我们要探索怎么去引领、去创新。怎么创新，肯定要去认识更多新兴的事物，我们要更开放和更大胆尝试，尝试自己不了解的领域和事物，这是需要在大学生身上展现的，蓬勃的一代应该有这种魄力和勇气去做新的事情。

访谈员后记

初次见到任俊飞学姐，她带给我的第一印象就是职场中的女精英形象，直爽干练，但又不乏亲和力。任学姐自毕业后就留京工作，到现在已经工作五六年了。在此次和学姐的交流谈话中，我了解了学姐留京工作的职业经历，也收获了学姐对我们的一些建议和工作经验，感悟颇多。

在女院通过四年女性学专业的学习，给学姐留下了深刻的印象和许多美好的回忆。在校期间，任学姐一直担任班长一职，不断培养了她的判断性思维和独立思考的能力，也提高了她的实践能力和责任感。所以学姐在踏出校园之前，就已经具备了很强的沟通合作能力。学姐提到她理解的女性学专业的核心价值，其实是倡导女性独立自主，女性会更加注重自身能力的培养。通过四年的学习，学姐觉得她自己包括女性学专业的学生大概率都会减少一些依附性和服从性，内底里会有改变和提升。

在业余生活上，学姐热爱读书、运动，是一个闪光、自律的女性。学姐认为丰富业余生活对于个人的身心健康、情感满足和全面发展都至关重要。读书是一种很好的放松方式，同时也能拓宽视野、增长知识。同时运动与健身可以保持身体健康，缓解压力。学姐通过不断丰富自己的业余生活，发现更多生活的乐趣和价值，提升自己的生活质量。

对于求职来说，学姐讲到她的职业发展经历其实相对同级的毕业生来说是较为顺利的。毕业的时候学姐没有想过去北京之外的其他地方，因为在她大四还没有毕业的时候，实际上就已经找到工作了，之后也就顺理成章地在北京发展。成功的背后离不开学姐默默付出的努力，学姐提到女性学专业对于就业来讲相对困难，可这个专业背后的核心价值带给她更多的能量。学姐提到就业不仅是为了生计，更是为了实现个人价值和社会责任。学姐认为女性学专业不仅涉及专业知识技能的学习和应用，更涉及个人成长、社会责任和使命担当，只要我们保持对性别问题的敏感性，不断提升自己的专业能力和综合素质，我们就能在就业市场上找到自己的位置并实现自己的价值。

通过与学姐深入交流，不仅让我对职业发展道路有了更清晰的认识，也为我未来的职业规划提供了宝贵的经验。访谈过程中，学姐分享了自己在职业生涯中的种种经历，包括如何面对挑战、如何抓住机遇、如何持续学习等。同时感悟到了工作中目标设定和计划执行的重要性，认为只有明确目标并付诸实践，才能不断取得进步和成就。日后，我将继续深入学习专业知识，提升自己的能力，也会关注行业动态和市场变化，不断调整自己的职业规划和发展方向。

长风破浪会有时，直挂云帆济沧海

——2014级女性学专业毕业生李燕香

访谈时间： 2024年3月25日19:25—20:30

访谈地点： 北京市通州区亦庄经济开发区科创十一街京东大厦1号楼

受 访 者： 李燕香

访 谈 员： 郭苏悦（社会工作专业妇女发展方向2023级硕士生）

人物简介

李燕香，1996 年生于内蒙古包头市，已婚未育。中华女子学院 2014 级女性学专业学生。毕业后留京工作，先后任职于百度、京东等互联网行业公司，目前在京东从事电商运营工作。

一、结缘女院

选择女院看似是一个偶然的决定，却是一个非常正确的决定，因为这改变了我的人生轨迹，让我踏上未曾想象过的征途。高考我的分数超过一本线，但填报志愿的时候我很懵懂，不知道各个专业的情况，没有亲戚朋友给予建议和指导，一直没有什么头绪。后来一位有教师背景的亲戚，得知我的成绩还不错，主动帮我。

记得有一本指导填报志愿的手册，我们就在那本大手册上翻着挑选，因为我学的是文科，没有太多适合我的专业和学校。后来换了一种思路，先确定想去的城市，再考虑学校和专业。综合考虑下来，北京是比较适合我的，一来北京是首都，二来也是离我家最近的一座大城市。选好城市就开始选学校和专业，我的亲戚正好对中华女子学院的历史背景有所了解，中华女子学院早先是培养妇女干部的学院，女性学又是这个学校最好的专业，在他的建议下，我选择了中华女子学院女性学专业，有幸成为女院女性学专业的一名学生。

二、我的女院印象与感悟

2014 年 9 月，我来到女院报到，开启了为期四年的大学生活。说长不长，说短不短，这四年给我留下很深的印象，也是影响我人生观念最重要的一段时光。校园生活中印象最深刻的是大一这一年，全新的生活环境和大学的学习氛围、学习节奏等都和中学不一样。刚开始报到的时候以为学校在北四环育慧东路一号，很快得知大一新生要先去北校区报到，而且一待就是一年。北校区是借用北京商业学校的宿舍楼和教学楼，与他们共享校园资源，虽然各方面条件没有本部校区便利，却度过了非常开心无虑的一年。当时我们专业只有一个班级，学生较少，班级里的同学来自祖国四面八方，而我大学之前从未走出过内蒙古，作为一个北方人，第一次接触到这么多南方同学，湖南的、湖北的、云南的都有，了解到很多有意思的地域文化，也交了很多新朋友。从宿舍楼到教学楼途经一片梨花树林，一季花开花落陪伴记录着我们的生活。大二搬到本部后，反而觉得时间如同上了发条，流逝很快，因为大二之后逐步增加大量专业课及实践活动，经历第一年相对自由散漫的生活后，学习上开始用功努力，开始思考未来的人生了。在寻找目标的过程中摸索前行，直到后来的实习找工作。在女院的四年时光里，我有很多收获，最重要的是让我明白独立自主、自强不息的重要性。

记得大一在北校区上《中国妇女史》课的时候，第一堂课上，老师问大家一个问题：你的梦想是什么？或者说你毕业之后希望干什么？我印象非常深刻，当时我的回答是希望毕业后能当一名家庭主妇。这可不是现编的，是源自内心的真实想法，大家听后哄堂大笑，老师给我回复道“上完四年大学你一定会改变你的观念和想法的”，我半信半疑。我当时有这个想法或许是没有体会过独立女性的自在生活，或许是看多了父母操劳一生只为维持和睦稳定的家庭，当时只是单纯羡慕在家里做饭洗衣带孩子的状态。毕业后果然如老师所说，我发现毕业后成为家庭主妇的生活并不适合我，我需要走向社会，给自己更多机会去尝试、去体验。

从小我就是一个非常独立的女生。为什么说独立呢？因为从我第一天上学起就离开父母，寄宿在别人家，求学多年，在家走读的时间只有半年，其他时间都住在亲戚家或者寄宿在学校。高中之前只有周末能回家，高中以后每年只有寒暑假才可以回家。后来孤身一人到北京求学，举目无亲，无时无刻不在锤炼自己的意志、学习社会生存法则，让我自己获得足够多的能量一直前行。大学伊始希望成为贤妻的“愿望”终究在逐步成长和学习的过程中退散，意识到内心深处的自我：不懂不要紧、不会干不要紧，学习就是了，先试了再说！我觉得在社会上不论做什么工作，都应该是顺从本心的，钱多钱少先不说，至少可以通过自己劳动换来的报酬养活自己，给作为成年人的自己足够的安全感和自由感是非常重要的。

经过四年的学术灌溉，生活及精神世界更加独立、自强，思维观念发生较大转变，这也是女院对我影响最深刻的一部分。此外，受女性学专业熏陶，日常生活中我会不自觉带着女性视角看待社会热点，更加关注女性话题并参与讨论，在和身边同事朋友谈论性别话题时，更多是开放性的，在输出自己观点的同时倾听他人想法和感受。令人欣慰的是，近些年身边女同胞们都拥有较强的自我意识和性别意识，优秀的女性越来越多。

三、毕业后的求职经历

（一）女性学专业对就业的影响

其实，女性学专业就业时并不太好找工作，主要体现在没有强对口的工作，与主流岗位不适配，比如教育行业、互联网、电商、金融或者律师等职位都需要一定的专业知识积累，而女性学专业是社会学科类，更适合持续做研究读研深造。再加上刚毕业时，自己没有任何工作履历，只有在学校积累的一点儿为数不多的经验、奖章及相关证书，每次找工作面试官都会问一句："女性学这个专业是学什么的？"这个时候确实需要跟别人去解释一番。

（二）求职经历

大四实习季，经老师和学姐的引荐，我在一个非营利组织机构实习了几个月，由于和个人职业发展方向不相符，本来毕业能转正的我选择离开，继续找寻。临近毕业，我拿着一份简历到处投，只要是我觉得搭点儿边的甚至不搭边的我都会去投，只要别人电话约我去面试，不管多远，我都会提前到那里，可面试下来没有几个能通过的。之后找的第一份工作是百度，跟运营相关；第二份工作就是到京东了。

印象较深的几段求职经历如下：

记得刚毕业时我从朝阳区到海淀区一家公司面试，路上看到好多年轻人，他们有的西装革履，有的穿着高跟鞋、连衣裙在十字路口等红绿灯，绿灯一亮，大家蜂拥而过，后来看他们都走入了同一座大楼。待我面试结束，又经过那座大楼时，已经是下午了，我看到有两个女生，穿着相对正式的服装，在大楼下结伴而行，当即拿出手机拍到那个场景。我好希望自己也能在这里工作，有一拨可以一起上下班的同事，我觉得那就是我梦想中的职业环境，是我想要融入的同事圈，后来那张照片一直激励着我不断尝试、勇于追求。

还有一次，也是毕业找工作时，我去一家煤炭企业面试，有类似于文员这样的职位正在招人。当时我手中还未曾拿到 offer，毕业季末，多少有些心急，经过多轮沟通过了面试，被告知面试通过的那一瞬间我激动不已，心想自己毕业后终于不用当无业游民了。但还是在当天，经过一系列思想斗争后，最终我还是婉拒了 offer，主要考虑到近年来国家提倡环保低碳，煤炭行业前景不是很好；此外，办公环境、氛围和薪资都不算符合预期。虽然面临找不到工作的风险，但还是选择放弃 offer 继续找寻。

我学的是文科，中学时对地理非常感兴趣，在大学期间抽空考了初中教师资格证，其实我当时可以直接考高中教师资格证，可为了稳妥，我先报名考了初中等级。考完后发现对我来说也太简单了，但由于种种原因，最终也没有补考高中教师资格证，当时也没多考虑，想着这个证将来可能会有所用处。命中注定我和地理老师有一丝浅浅的缘分。毕业之后我用这个证书，去面试了某培训机构的地理老师，最终顺利通过了面试。当时我作为新招聘的老师，做的第一件事情就是制作自己的课件并不断打磨，包括制作 PPT、写教案，同组的老师以及带我的老师一起听我的课，给我提建议，练习如何把课讲好。我第一天上班就是听前辈讲课，记得有一个比我早两年来的男生，在点评另一位同事课堂质量的时候，丝毫不留情面地教训那位同事，当时我被吓坏了。课堂上还有评论者的另一位搭档，也跟他一唱一和。那种交流方式和工作环境让我非常不适应，为什么要这样批评一位刚入职的新老师呢，即使他做得再不好，作为前辈也应该多一些鼓励和指导，而不是拿出那样的态度和语气。当天晚上就给我们新来的老师布置了一项作业，让我针对中学地理课本中某一课题，出一份教案，第二天公开讲。从教室走出来下班后，我整个人都是蒙的状态，想到未来我要在这样的环境中工作，就有点儿接受不了。且不说工作内容本身，同事间的紧张氛围足以让我搁在心上久久不能释怀。后来我坐上了回女院的公交车。当时工作地点距离学校比较远，要转好几趟公交车，我每次都坐在公交车的最后排，看着人来人往，上上下下的乘客，已经忘记我是怎么回的学校，因为一路上我都在想着课堂上发生的事情，也因为自己不是地理本专业而感到自卑，担心同样的情形未来可能还要无数次发生在我身上。晚上回到寝室后，我坐在床上开始思考课件如何写、写成什么样。本来这个课题对我而言准备材料并不难，从初中地理的某一章节选就行，但是我是早前考了证，也没接受过集中培训，仅凭借着我对于高中地理知识的印象去发挥，一开始我觉得这是件简单的事儿，我边想边写，时间一分一秒流逝，竟发现自己一个字都写不出来了。作业提交的时间非常紧张，第二天就要上课堂讲了，而我需要在一晚上的时间内准备好PPT、教案、演讲稿并练熟。本来也不算太难，但是那件事情发生之后，我心里一直放不下，导致无从下笔。我在电脑前踌躇不前的时候，给我爸妈打了个电话，电话中并未提及今天发生的事情，问候过后我继续写，但我写了一晚上依然被压力和焦虑淹没，没有成果。记得特别清楚，第二天中午一点半我就要到昨天的地点去磨课，却迟迟没有出发，我鼓起勇气给当时的组长打了电话，说我不去了，他问我为什么，我说这份工作可能不太适合我。拒绝了这份工作之后，我意识到非科班出身的我，盲目从事教育行业是多么的不合时宜，且初出茅庐，需要经历更多的磨炼才能被社会所认可。

功夫不负有心人，最终我在百度找到了第一份相对长久的工作。对于刚毕业没什么工作经验的我来说，一开始在百度这样的公司做的都是很基础的工作，没什么门槛就能做的活儿，入职后从最简单的工作开始做起，慢慢积累经验，锻炼能力，虽然有时也很迷茫，但在迷茫当中也在不断试图找到自己的方向，这个方向一开始可能没那么准确，但必须确立一个方向并朝着那个方向去走，才是更重要的。后来在领导和同事们的帮助下，我慢慢地积累了一些经验，有了非常多的收获。在百度工作的将近两年半时间，因为工作内容相对基础，如果继续干下去，也无法再学到更多新的东西，加之上升的空间比较有限，对后续职业发展不利好，跟我同期入职的好多同事都先后跳槽离开了，只有自主求变才能继续前行。

找工作时，我认为最重要的是想好自己的核心竞争力是什么，或者自己最擅长什么，有一些思考和想法后，就可以去各大招聘平台寻找更适合自己的工作，按照职位要求准备面试内容。凭借着过往工作的积累和面试经验，我又入职了京东集团，当然这个过程并不顺利，因为这是一个全新的职位，比我工作经验多、能力强的人到处都是，需要经历一个特别漫长的适应期。

（三）刚步入职场的困难

我觉得首先要克服专业不对口造成的信心不足的问题，不能因为不是科班出身和工作岗位不搭边，就觉得自己哪哪都不行。既然面试通过，那一定是个人某些优势超出常人被公司认可的，我们要做的是不断发挥所长，发掘自己的潜能。面试通过后首先要反问自己：自己的长处是什么？想想自己刚毕业，对公司的价值是什么？再把这个价值在工作中想办法发挥到最大，我觉得这是刚入职时一定要思考清楚的。但发现自己的优势并不是一件简单的事情，当然有些人对自我的认知比较清晰，因为他们从上大学就开始思考这个问题，大一就有意识地培养自己某方面能力。遗憾的是，大学时我并没有那么机敏，再加上女性学专业本身就没有特别对口的工作方向，所以会更加迷茫。不管怎样困难，我们依然不能停下脚步。除了心态问题，更多就是专业上的困难了，互联网行业年轻人居多，刚进入职场带教我的人年龄和我相差不多，很少有沟通障碍，工作氛围比较友好，但一开始我在专业知识的积累上是远远不够的，这方面我需要付出比别人更多的努力，才能达到和别人初级水平一样的效果，时刻提醒自己不断精益求精、总结沉淀。

四、目前的工作状态

（一）为什么选择任职京东

首先，京东作为当时势头正盛的电商行业互联网公司，品牌实力与市场地位不容小觑，世界500强知名企业，是中国较为领先的电商平台之一，在这里可以接触到更多优秀的人才及丰富的社会资源，有利于后续职业发展；其次，京东可以提供良好的工作环境与福利待遇；还有就是公司制度完善，京东比较重视员工的培养和发展，为员工提供全方位的培训机会和晋升空间，通过参加各种培训，员工可以不断提升自己的专业技能和综合素质，实现职业生涯的跨越式发展。

从百度到京东，依然没离开互联网行业，我的个人职业发展规划是先选行业，其次选择该行业里有机会发展的业务线。起初选择了百度，在寻找适合我的业务线时，找了一圈也没有合适的，后来有幸碰到一个岗位，对当时的自己是一个挑战，工作一段时间后发现我对电商细分赛道更感兴趣一些。电商是互联网变现的重要渠道，市面上比较知名的电商公司，比如淘宝、拼多多等企业都在该行业持续深耕，发展前景明朗。多方考虑后我选择了电商行业，当然这份工作离不开上一份工作经验的积累。

（二）转换工作过程中的体验

前一份工作的积累直接影响着下一份工作的走向和顺利程度，所以只要前期沉淀足够，转换工作就会轻松许多。从百度出来后，几轮面试拿了好几个 offer，多方考虑最终选了京东。目前这份工作和上一份工作是有一定关联的，两份工作要做好切换衔接，快速适应求职状态及新的工作环境，才能顺利拿到心仪公司与岗位的 offer。

（三）在京东工作过程中的特殊感受

入职京东马上四年了。电商行业有两大销售爆发节点，分别是年中的“618”和接近年末的“双 11”，这也是全体京东人最忙碌的两个时段。作为刚入职的新人，在不断努力下，我在京东度过的第一个“618”、第一个“双 11”，第二个“618”、第二个“双 11”，得到了部门领导以及各位同事的认可，连续获得多次大促奖项。不论什么奖都是对我阶段性工作的认可，也是对我极大的鼓励。这里要给大家分享一点儿心得，也就是在工作初期，尤其是刚进入一个新的领域或者新公司后，在自己加倍努力的同时，也需要有贵人相助，通过他人对自己的认可，激励自己不断成长。

（四）工作困难与压力缓解

电商平台为刺激消费，经常做活动搞促销，每年还有“618”“双 11”销售“大考”，在较高的销售目标下，要说没有压力肯定是假的，但是我很享受和同事们同心协力共同战斗的状态，大家都在为同一个目标而奋斗，在融洽的团队氛围中，个人的压力凝聚成集体的动力，紧张和压力也就没有那么大了。

亲身体会工作中最大的困难莫过于跨部门协作。互联网大厂分工精细，许多工作的完成都离不开多个团队之间密切配合。如果是涉及本部门的业务，很快就可以跟部门同事拉齐信息共识目标，拆解动作推动落地，但凡涉及跨部门工作，尤其是跨的部门越宽，工作越难推进和实施。所以跨部门协作是考验一个人工作能力的重要维度之一。协作之所以困难，是因为多方目标较难达成共识，各自在为老板及自己完成目标的路上，不可避免地会插入与自己 KPI 不相关的工作，这时候推进阻力是最大的，需要较强的沟通协调能力来处理。

职场是一个社会的缩影，让人在不断摸爬滚打中成长，不断磨炼自己处事的心态。我刚入职场的时候，新人那种初生牛犊的冲劲，还带着些许锋芒，遇到不开心的事情，还不太会隐藏自己的情绪，影响也是显而易见的。随着职场经验的不断丰富，和其他同事接触学习多了，慢慢地发现自己逐渐学会了控制情绪，在过去让人非常生气的事情现在也能处事不惊，由情绪外显转变为自我消化，不在情绪上持续消耗自己，而是思考问题本身如何解决。

（五）坚持下去的动力与自身优势

坚持工作最重要的动力是深知自己有很多不足，抱着空杯学习的心态不断丰满自己的羽翼。山外有山，人外有人。互联网大厂到处都是学历高、专业强、经验丰富、能力强、非常努力的伙伴，如果想在工作中脱颖而出，就需要虚心、持续地学习，积极接受各种新事物。这其实是一个非常重要的能力，世界上永远不变的就是变化，我们不能一直待在舒适圈而排斥或无视变化。很多人包括我在内，入职一年后感觉自己什么都学会了，成长速度开始变慢，墨守成规，如果没有忧患意识，提前学习布局，就会在瞬息万变的市场中处于被动地位。我们需要在激烈的竞争环境中，及时关注并适应行业的变化、公司的变化、规则制度的变化，在这个过程中也许会让自己变得非常敏感，但只有这样才能以最快的速度正确应对。在我看来，沟通能力、执行能力、表达能力是一个人在职场中应该具备的基本能力，而空杯心态持续学习是我能一直坚持的最重要因素。

（六）未来职业规划

目前，我还处在体系化建设自己知识库的阶段，思考如何能增长更多知识、掌握更多工作技能，并在工作中灵活应用。我性格较“佛系”，努力做好手头的每一件事，但行好事，莫问前程。

五、对于女性学专业发展的展望

毕业多年，不确定当前女性学专业发展的主要方向。我大学在读时，女性学专业目标是培养新时代复合型女性人才。所谓复合型，是指需要学习妇女法、金融学、社会工作、社会学、管理学、心理学等多门学科，为后续工作奠定知识基础。我希望女性学专业未来可以多增设一些实用型课程，多组织社会调查实践活动，锻炼大家参与项目的组织和管理能力，开设职业发展指导课程，更有利于后续就业。

六、给学妹的建议

建议各位学妹在大学期间考虑清楚一件事情：要不要读研？如果要读研就要明确读研是为了什么，是为了拥有高学历还是对专业感兴趣想深造？这是非常重要的，直接决定着大学四年的目标和努力方向。如果不读研，就尽可能多地增加实习履历，给自己积攒更多工作经验。在实习过程中，你将拥有更多机会将所学理论知识应用于实际工作中，通过实操深化对专业知识的理解。这种实践经验能够帮你更好地掌握一些专业技能，还能够提升解决问题的能力。通过大量实习，你可以更加直观地了解不同岗位的工作内容和要求，从而更加清晰地认识到自己的兴趣所在和适合的职业领域。这有助于在求职时更加精准地定位自己的职业目标，避免盲目求职和走弯路，还能提升你的就业竞争力。在求职过程中，企业往往更倾向于那些拥有实习经验的求职者，因为实习经验能够证明学生具备了一定的实践能力和职业素养，同时也能够展示出学生的工作态度和团队协作能力。这些都是企业在招聘时非常看重的因素，因此拥有实习经验的学生在求职时会更具优势。在校期间应该积极参加活动，为自己的全面发展打下坚实的基础，这样毕业后相对更好找工作。如果确定了要读研，就尽早做准备，争取一次考上，这是对于本科生的建议。

访谈员后记

李燕香学姐自毕业后就留京工作，到现在已经工作五六年了。在这次一个多小时和学姐的交流中，我了解到学姐在留京求职道路上不断摸索、听从自己内心的声音，坚持寻找到了符合自己理想的工作。

在女院的学习生活给学姐留下了深刻的印象和许多美好的回忆，通过四年女性学专业的学习，学姐了解了女性在社会、文化、历史、政治等方面的地位和角色，以及女性面临的问题和挑战，培养了批判性思维和独立思考的能力，也提高了实践能力和社会责任感。她会在日常工作生活中更多关注一些女性议题，并提出自己的见解。

对于求职来说，学姐认为北京的工作机会多，并且女性学专业的学习涉及社会学、心理学、法学、政治学等多门学科的知识，这使得学姐在学习过程中能够接触不同领域的知识和技能。这种跨学科的学习经历有助于提升学姐的综合能力和创新思维，使她在就业上更具竞争力。同时，学姐也能够更加灵活地适应不同职业领域的需求。选择留在北京的毕业生，他们大多看到了这座城市的机遇和优势，是众多人心中就业的理想之地。作为中国的首都和一线城市，北京拥有众多的企业、机构和组织，提供了大量的就业机会，无论是传统的行业还是新兴的领域，都能在北京找到适合自己的工作，这也是学姐选择留在北京发展的原因。虽然求职的过程不是一帆风顺的，但学姐的坚持值得学习。北京工作机会多，但竞争也相应地激烈，这就需要具备良好的专业技能、良好的沟通能力和团队合作精神，才能在激烈的竞争中脱颖而出。学姐在工作中努力完善自己、提高工作中的专业技能，不断虚心学习和接受新的事物，时刻保持着自己对工作的热情。

学姐的留京工作经历和感悟值得我们去学习和思考，我们要具备自我学习、自我更新能力，才会更具个人发展潜力。同时，职业发展其实涉及个人的兴趣、能力、市场需求以及社会变革等多个因素，并且未来职业发展将呈现出技术驱动、跨界融合、个性化与定制化、可持续发展与社会责任以及终身学习等趋势。为了适应这些变化，我们需要不断提升自己的能力和素质，积极拥抱变革，勇于探索新的职业领域和发展路径，一步一个脚印，寻求自己的理想工作，达到自己的职业发展目标。

求真务实，做党务工作的潜心耕耘者

——2015级女性学专业毕业生韩丹

访谈时间： 2024年3月19日19:12—19:33
2024年4月1日19:00—19:35

访谈地点： 北京市丰台区丰益花园西区

受 访 者： 韩　丹

访 谈 员： 赵　鑫（妇女发展学院女性学系2022级本科生）

人物简介

韩丹，中共党员，未婚。中华女子学院女性学专业2015级学生，出生于山东省潍坊市寿光市。大四时，先后在全国妇联妇女研究所和瑞典商业银行北京代表处实习。大学毕业后，进入北辰集团下属的二级单位（酒店会展领域）从事党务工作，在职近三年。2022年5月换岗至现在的工作单位（商用密码领域事业单位），依旧从事党务管理相关工作。

一、我与“中国蔬菜之乡”

我的籍贯是山东省潍坊市寿光市。寿光是隶属潍坊市的一个县级市。寿光是“中国蔬菜之乡”“中国海盐之都”，更是“农圣”贾思勰、“文圣”仓颉、“盐圣”夙沙氏“三圣故里”。

二、我与女院

高考填报志愿时，之所以填报中华女子学院，一是了解到女院的创立有丰厚的历史背景和崇高使命，父母非常支持我到女院学习；二是考虑到女院地处首都北京，父母想让我到北京看一看、走一走，开阔眼界。综合以上两点考量，我选择女院作为报考的第一志愿。这个选择反复纠结了很久，因为当时只能选择女性学一个一本专业，无法调剂，这势必会丧失其他院校和专业的选择机会。经过多方面考虑，我还是坚定了报考女性学的信心：女院的直属上级是全国妇联，工、青、妇这样的组织，在大众的认知里，认可度比较高，也因为是妇联下属单位，父母考虑到女生到女院学习，将来工作会相对对口。

其实，在我报考之前，并没有系统了解过女院的环境，也没有像部分同学一样实地来学校考察。入学报到之前，我对于女院的了解主要是通过网络。报到当天，先到达育慧东路本部，然后父母带我去往北校区。当时，我们大一所在的北校区在北七家镇。到达后第一感觉就是院子好小，胜在环境较好。这样的印象一直持续到新生见面会，我印象最深的是范譞老师说的一句话，他说：“北校区这个位置稍微偏一些，交通不是很便利，但周围树木环绕，非常幽静，这样的环境特别适合读书，希望你们能在这一年享受这难得的环境，好好阅读。”确实是这样，第一学期大家基本不怎么外出，专注于各类基础课程，下学期天气暖和了之后，大家也充分利用了北校区的地理优势，周末到较近的景点游玩。大二到了校本部后，朝阳区相对来说较繁华，交通便利，去其他学校交流学习或参加活动都比较方便。

三、我与女性学

在报考中华女子学院时，就对唯一的一本专业女性学十分感兴趣。作为一名女性学专业毕业的学生，我由衷希望我们的专业未来能发展壮大，希望女性学的教师团队越来越强，专业课程设置持续优化，能吸引更多优秀的学生到女性学专业就读，培养出更多综合能力强的学生，继续在性别领域发光发热。如果我们专业能发展成一个超级大的学院和排名靠前的专业，对于我们这些毕业的学生来说，也会感到荣幸和自豪。其实，我们的专业还是挺有名的，在上一家单位工作的时候，当时有同事问我是哪所学校哪个专业毕业的，我回复中华女子学院女性学，他们对女院有基本了解，还询问女性学是不是学校的王牌专业，我很自豪地回答“是”。女性学专业是在所有高校中女院特有的专业，女性学的存在意义重大，希望学校的校领导、老师们能更多关注女性学的发展建设和人才培养。

工作后，我逐渐认识到女性学每一门课程的设置和课程内容，对于我们走向工作岗位，或者在继续求学的路上，都产生了积极影响。在课程设置上，我们老师还是非常用心的，我印象很深刻的是罗慧兰老师的一门课程《女性心理学》，有一个经典的课程实验，也可以说叫课程实践，同学们一起去北京植物园，分组完成“与陌生人握手”的活动。这个活动听起来简单，在实践的过程中，发出邀请、接受或邀请被拒绝，在不断感受成功和失落中锻炼自己在陌生环境下与人沟通的勇气，还有自己的表达技巧。因为在没有任何标识或背景的渲染下，我们突然走到一个陌生人跟前说，“您好，请问可以跟您握一下手吗？”，别人会觉得很突兀，我们大概率会被拒绝。所以，这个活动不仅会提高同学们的受挫能力，还有心理抗压和自我调节能力，无形中还锻炼了我们的心理素质。在实践课程结束后，罗老师还组织了分享环节，每位同学发表自己的感受，大家互相借鉴、总结经验。这门课程的设置对我来说非常有意义，因为我在正式工作的第一周，就面临了一个极度相似的场景：单位有14个部门，在我还没有轮岗之前，分管领导布置了我自己前往不同的部门向部门负责人介绍我自己的任务。很显然，位置不熟悉、人员不熟悉，对初入员工人数达600人的单位而言，我压力爆棚。但是，在学校里有过这样的课程实践打底，我顺利地完成了领导交办的这项任务，赢得了领导的肯定。

四、给女性学学妹的建议

不太确定以前的经验对现在和未来的学妹是否适用，但还是希望学妹们在考虑个人职业规划的时候，能提前多途径了解各个方向的利弊，尽可能去尝试，在“可变”的条件比较成熟时勇于改变，综合各方因素找到适合自己的路。

关于如何了解适合自己的方向，我主要通过三条途径。一是到不同的网页上搜索相关信息，尤其是到求职的网站里搜，也可以到相关的公司求职网页下面看大家的评论，多逛逛知乎。总的来说就是从网上搜索信息、分析，辩证地看前人的经验，了解他们提到的一些不利的方面，再思考自己能否接受。二是跟已经工作的学长学姐直接交流，虽然前人的经验不一定完全适合自己，但是在面对面交流的过程中，你可以抓取到自己的长处，再进行综合判断。我是2015级学生，因年龄相仿，我和2014级的学姐们接触比较多，一起组织活动、参加活动，或者在院系工作中接触，日常交流也比较多，与

2013级的学姐沟通也不少。我们的宿舍和2013级的学姐都在七层，日常洗漱会碰到，有时也会去学姐的宿舍“串门”。当时，在校本部就是三个年级，所以基本上跟2013、2014两个年级的学姐接触多。还记得我们系有一个建系十周年的调研课题，我分配到了一些工作任务，去联系已毕业的部分学姐，填写问卷。在这个过程中，也会与学姐们私下聊两句，学姐也会给一些经验和建议。三是自己去找感兴趣的实习单位，去亲自体验。

我认为，在了解不同就业方向、不同职业选择的时候，自己列出不同方向的利弊，综合分析后做出的判断，一定是符合自己当下需求的。当工作或读研或gap（间隔）一两年之后，有新的发展需求，自己需要改变了，就去做，没有什么需要后悔和犹豫的。但综合近几年的形势，如果有条件的话，还是建议学妹尽量先去考研。

除了毕业方向，还有生活方面，建议大家把专业和谈恋爱稍微分开一些，可以用我们专业的部分思维逻辑去考虑生活中遇到的问题，但输出的过程和结论尽量慢、尽量妥善，这是一个专业逻辑和生活逻辑漫长磨合的过程。我也跟一些学姐学妹们探讨过恋爱观、婚姻观、婚后生活体悟等问题。大家都能感觉到，接受过性别平等的教育后，这些观念已经深深地印在我们专业同学的脑袋里了，但大家在生活、工作中表现出来的程度或淡或浓，身边的同学们无论是在上学期间谈恋爱，还是在毕业之后谈恋爱，刚开始进入亲密关系时，总会不自觉地带入一些平等的、激进的性别思维和逻辑去处理亲密关系，事后，大家也会自我观照，发现自己并没有很合理地、妥帖地把专业里先进的、具有优势的观念很好地运用在生活里。这并非要把专业知识和亲密关系的逻辑分开，而是根据不同的情境把握好度，将专业优势转化为好的生活方法，还是要自己不断去体会的。恋爱、婚姻，该谈就谈，有合适的要尝试交往，多去感知，多去思考，归纳总结，就会不断收获全新的感受。复盘自己当时为什么会这么想，现在想想还是挺有益的，我在上学期间少了些复盘的环节，在人际关系的处理上并没有做得很好，现在增加了这个环节，我觉得很有用。

最重要的就是学习方面，毕业后真切感受到老师的课真的非常宝贵，认真听认真记，如果能做到课前预习最好，如果没有预习就紧跟老师的步调听。因为工作了之后，就会发现再也没有老师会如此系统、全面、认真地备课，教给我们系统的知识。大一的时候主要是基础课程，大二、大三专业课比较多，预习的作用，首先是让我们能听懂课上老师在讲什么，而且能更好地了解我们专业课的结构，非常有利于我们构建知识体系。建议学妹们尽量在有限的时间内把专业课学好、学精。珍惜系统学习的每一门课，珍惜有老师讲、有课后作业和小组合作，最后还有总结的全流程学习机会。工作后的培训和学习都是很零散、不成系统的。

五、我的留京工作经历

对于工作方面，主要的决定期是在大四上学期末。在大四的时候，我也面临着跟大家一样的选择，是工作还是考研。最初的想法也是想考研，但是，在实地考察目标院校，完成学校、院系安排的毕业实习和我自己找到的另一份实习工作之后，还是觉得现下的自己比较适合直接工作。在大四的时候，院系设置两个月的毕业实习，我选择到全国妇联妇女研究所，在杨老师的指导下进行了职场初体验。这份实习结束后，在 11 月，我找到了真正意义上的独立实习，是瑞典商业银行北京代表处。在这段实习结束之后，我认识到自己更适合直接工作，于是就开始投简历、面试。当时面试了一家国有企业，北辰集团下属的一家二级单位，正好有党务管理岗，初试、复试都还不错，然后就进入党委办公室工作。做党务主要就是从事党员发展、日常学习、活动组织，宣传工作，国家安全与保密工作，纪检的部分工作，总体来说工作任务挺重的。我在这家单位工作快满三年，在 2022 年 6 月，跳槽到了现在的单位，依旧负责党务管理工作。在上一家单位时，当时敢于面试党务，也是基于在学校里的一些“工作”经历。我是我们班最早一批党员，在大四的时候，经过学生党支部的推选成为组织委员（兼宣传委员），协助李宁老师做好女性学系学生党支部的一些工作。有这样的工作基础积累，所以投简历到党务岗。学校的培养和锻炼，尤其是女性学专业的各类实践，使我在事务协调处理、沟通等多方面得到了很多锻炼，在上一家单位的两三年，得到的反馈一直还不错，获得的主要评价是工作上手快，与同事相处融洽，并且在处理一些问题时，很少有畏难情绪。感谢女性学系带给我的充分锻炼和提升。

我现在的工作单位也算属于比较新的领域——商用密码领域。商用密码在生活中的应用还是很广泛的，比如我们的手机密码、银行的 POS 机、银行卡芯片、身份证的芯片，从生活中的日常设备到为我们服务的各类大型设备，它们的安全运行都和我们的商用密码紧密关联，我很喜欢现单位的工作领域和工作氛围。

关于今后职业发展的展望，我希望未来工作比较顺利，先立一个未来五到十年的目标，争取能做到中层管理，主要还是看机会。其实，这几年每年回家，父母也会问我要不要考虑回家发展，在留京和回山东这两个选择之间，我也曾与家长多次交换过看法。从大学到工作已经在京 8 年，还是想在北京多留几年，因为相对来说北京各种文化资源丰富，有很多历史文物古迹、博物馆，还有一些展会，而且交通便利，比如想去看展，地铁就很方便。目前来说，我在北京的工作相对得心应手，除此之外，还有一个考虑就是想在工作之余尽力提升自己。

六、女性学与就业

在工作的前几年，女性学专业对我的影响应该是特别明显的。一是性别观念，会使我独立自主地去完成一些工作，逐渐总结摸索出一些适合自己的方法，对于现在的工作，更多是一种习惯的积累。女性学专业，尤其是对于一些专业课的要求其实是非常严格的，我也在学习过程中形成了一些良好的工作习惯。在做十周年课题时，我了解到，大家在工作之后都得到了较好的反馈和口碑。这离不开学校，尤其是我们女性学专业的课程设置，比如不同类型的外出实践课，像孙晓梅老师、张健老师、罗慧兰老师、于光君老师、刘伯红老师、魏开琼老师、王向梅老师、范譞老师、朱晓佳老师、黄河老师、曲珍老师、真真老师，他们都有较为综合的学术底蕴，我们会在不同老师的课程上，锻炼不同的思维和能力。这些课程的安排，对于塑造个人的一些品格和能力，还有提升了解社会的能力方面，都是非常有帮助的。

所以，这些实践课程，建议学校和院系充分考虑，不断增加学妹们了解社会的机会。我们女性学专业的实践周有在京内的，也有出京的，既有北京周边，比如我们去过河北省张家口，还有很多远距离的省份，比如湖南、云南、四川、内蒙古等，大家去过不同的省份，了解了不同于课本上鲜活的案例。如果现在还有这些课程和实践周，建议大家不要把范围局限在与女性相关的话题中，更全面地去了解和观察，开阔视野、善于思考总结，女性学的学子们既是熟练掌握理论的学者，也是善于在真实世界中敢想敢干的优秀实践者。

访谈员后记

在生活的纷繁中，有时一个小小的契机就能让两颗心紧密地相连。我与这位学姐的访谈，就是这样一个契机。初见她时，那份来自心底的亲切感让我有些惊讶，而当我们深入交流后，我发现这种亲切并非偶然——我们竟然都来自山东潍坊这片土地。访谈过程中，学姐的言谈举止透露出一份从容，而且学姐在访谈过程中十分幽默，不知不觉中我原本的紧张消失不见了。这次访谈，学姐不仅分享了自己的学习经验和生活感悟，还给了我很多宝贵的建议。

学姐的深刻见解使我认识到，在校园中接受老师们系统备课和精心传授的知识，是一份在职场上难以复制的宝贵财富。与职场中零碎且不成系统的培训相比，校园时光为我们提供了一个系统学习、构筑坚实知识框架的绝佳机会。因此，我们应当珍视每一次课堂学习的机会，全神贯注地聆听，积极地思考问题，并及时复习巩固所学内容，努力将每一门课程都钻研得深入透彻。

在访谈中，学姐着重强调的学习态度和策略让我深刻反思了自己在学术旅程中的得失，她的经验也为我未来的人生道路提供了宝贵的指引。诚然，在繁忙的校园生活中，我们或许需要面对各种琐事和压力，如班级、院系和学生会的工作等，但这些都不应成为我们学习分心的借口。相反，我们应该学会在有限的时间里高效管理自己的精力，将更多的专注和热情投入到课程学习中，力求提高学习效率和质量，从而持续构建和完善自己的知识体系。

除了学习方面，学姐对于日常生活的见解也让我受益匪浅。学姐建议应当将专业的思考方式与生活中的情感问题相互交融。在维持专业严谨的逻辑之下，妥善处理生活中的亲密关系显得尤为重要。我们常常会以专业的思维模式去应对生活中的种种问题，而对外表达时可能会显得过于直接，这种做法不仅会干扰我们的正常生活节奏，还可能使我们面临不必要的质疑和攻击，所以要根据不同的情境把握好度。

通过这次深入的交流，我领悟到，我们应当运用专业的思考方式去寻找解决方案，但在表达的过程中要尽量温和、妥善。这是一个专业与生活的融合过程，需要时间的磨合和不断地自我调整。特别是在恋爱过程中遇到的各种问题，这次交流让我深感将专业思维与情感问题相结合并非易事。但只要我们保持开放的心态，持续学习并积极探索，就一定能够找到更合适的方法来处理生活中的各类问题。

结　语

女性学是什么？女性学专业培养了什么样的人才？这15位同学的职业发展情况回答了这两个问题。习近平新时代中国特色社会主义思想是二十一世纪马克思主义，是女性学发展的根本指导思想。2023年9月，习近平总书记在黑龙江考察期间首次提出“新质生产力”一词，此后又在多个重要场合作了深入论述。习近平总书记关于“新质生产力”的重要论述，是马克思主义生产力理论中国化时代化的最新理论成果，为推动生产力高质量发展，全面推进中国式现代化建设提供了根本遵循和行动指南，为女性学专业的发展指明了方向。女性学专业要服务于发展新质生产力，女性学专业培养符合新质生产力发展要求的女性人才。

一、树立服务新质生产力发展的专业意识

习近平总书记关于“新质生产力”的重要论述是对马克思主义生产力理论的新发展，进一步丰富了习近平经济思想的内涵，是习近平新时代中国特色社会主义思想的重要内容。发展新质生产力对高校专业建设和人才培养提出了新的要求，在此时代背景下，女性学专业为了培养出能够服务于新质生产力发展所需要的人才，必须树立新的人才观，树立服务新质生产力发展的专业意识。

第一，要认真学习习近平总书记关于“新质生产力”的重要论述，深刻领悟新质生产力的内涵、本质、特点和关键，这是树立服务新质生产力发展的专业意识的重要前提。新质生产力本质是先进生产力，特点是创新，关键在质优。科技是第一生产力，人才是第一资源，创新是第一动力。人才是形成新质生产力最活跃、最具决定意义的能动主体。发展新质生产力最核心点就是培养创新人才。培养创新人才是高校担负的重要使命，当然也是女性学专业的人才培养目标，女性学专业要增强创新人才培养的自觉意识。

第二，要贯彻落实习近平总书记关于“新质生产力”的重要论述，正确理解女性学专业与发展新质生产力之间的辩证关系，结合女性学专业的特点，在女性学专业的建设和发展过程中贯彻落实发展新质生产力的要求，找准女性学专业与发展新质生产力的结合点。众所周知，理工科专业和发展新质生产力关联度较大，女性学专业是人文社科类专业，不培养科技人才，似乎和发展新质生产力的关联度不大。其实，这是一种误解。创新既包括科技创新，也包括制度创新、理论创新、管理创新、战略性创新等。创新是一个系统性的工程，要系统地看待创新，创新人才也不是单一的科技创新人才，而是多维度的创新人才。党的二十大报告指出：“必须坚持系统观念”。马克思主义经典作家系统地阐述了生产力和生产关系之间的辩证关系：生产力决定生产关系，生产关系对生产力有反作用，先进的生产关系促进生产力的发展。正如习近平总书记所强调的：“发展新质生产力，必须进一步全面深化改革，形成与之相适应的新型生产关系。”女性是发展新质生产力的参与者、贡献者和受益者，妇女能顶“半边天”，发展新质生产力需要男女共同参与，女性学专业要进一步发挥专业优势，以专业的力量推动男女平等基本国策的贯彻落实，推动中国妇女发展纲要、妇女权益保障法等的贯彻落实，实现新质生产力与女性发展同频共振，形成与新质生产力相适应的新型生产关系。

二、创新女性学专业人才培养模式

人才培养目标是随着时代的发展而不断变化的，服务于人才培养目标的人才培养模式也是必然要变化的。新质生产力背景下，女性学专业要创新人才培养模式。

第一，要进一步完善女性学专业课程体系。课程体系是人才培养模式的基础，创新人才培养模式首先要完善课程体系，淘汰掉一些不合时宜的课程，增添一些符合新质生产力发展需要的新课程。使各门课程形成一个符合课程内在逻辑关系的课程体系，各门课程之间能够相互增益，形成课程合力。

第二，课程体系要处于开放状态，及时纳入新的内容。相对于时代的发展，课程具有一定的滞后性，为了避免课程的滞后性，保持课程的鲜活生命力，必须把最新的内容、最新的理念融入课程中。习近平总书记关于妇女儿童和妇联工作的重要论述，习近平总书记关于“新质生产力”的重要论述，不但要认真学习，深刻领悟，还要融入课程中，成为课程的重要内容。中国妇女十三大召开后，要及时学习妇女十三大精神，及时学习习近平总书记同全国妇联新一届领导班子成员集体谈话时的讲话精神，要把这些新的思想吸收进课程中。此外，中国妇女发展纲要、妇女权益保障法等法律和文件颁布实施后，也要及时学习，并融入课程中，使得每门课程始终都能把握前沿和热点问题，与时代发展的新潮流形成良好的对话。

第三，创新课堂教学形式，延伸课堂教学的时间维度和空间维度，把课堂教学与社会生产、社会生活连接起来。组织有效的实践教学活动，增加实践教学的力度，提高实践教学的效度，带领学生深入田间地头、深入工厂企业等生产生活的一线，把理论与实际结合起来，了解科技创新、制度创新、管理创新的过程。战略性新兴产业与未来产业是形成新质生产力的主阵地，组织学生到这些产业园区参观学习，激发学生的学习积极性，增强学生的创新意识，培养学生的创新能力。

第四，把专家请进来进行教学。拓展教师队伍，建立专兼职相结合的教师队伍，邀请工作在新质生产力主阵地的专家，特别是邀请工作在新质生产力主阵地上的一些女性专家担任兼职教师。除了邀请他（她）们不定期给学生授课之外，还要创新管理机制，建立起他（她）们与学生之间的信息沟通渠道，助力学生的专业成长。利用女性学的专业优势描绘出一幅发展新质生产力的“巾帼篇”，研究她们成长的一般性规律，把“巾帼篇”作为一门课程或融入其他专业课程中。

第五，培养学生树立新发展理念。让学生清楚认识新发展理念与新质生产力之间的关系，树立新发展理念助力发展新质生产力。新发展理念就是创新、协调、绿色、开放、共享，新质生产力是符合新发展理念的先进生产力质态。绿色发展是新质生产力的内在要求，也是高质量发展的底色，新质生产力本身就是绿色生产力。

第六，充分利用毕业生的资源，形成“输出”与“输入”之间良性循环的机制。收集女性学专业毕业生在新质生产力领域取得成功的案例，作为教学案例，展示女性学专业毕业生如何在新质生产力领域发挥作用，研究她们的成功与女性学专业教育之间的关系，总结提炼出规律性的东西，融入专业课教学内容中。同时，也要了解专业教育中有哪些不适应新质生产力发展要求的课程或教学方法，及时调整课程设置和课程内容，改革教学方法。

第七，女性学专业要培养具有国际视野的人才。在全球化背景下，符合新质生产力发展要求的创新人才必须具有国际视野，新质生产力发展是无国界的，发展新质生产力要善于学习和吸收其他国家先进的经验，不能故步自封。同时，要研究和探讨不同文化背景和社会体制下女性参与新质生产力发展的异同，坚定中国特色社会主义妇女发展道路的信心。

三、增强学生的“守正创新”意识

发展新质生产力必须坚持守正创新，既要“创新”，又要“守正”，“守正”是“创新”的前提。党的二十大报告指出：“守正才能不迷失方向、不犯颠覆性错误，创新才能把握时代、引领时代。我们要以科学的态度对待科学、以真理的精神追求真理，坚持马克思主义基本原理不动摇，坚持党的全面领导不动摇，坚持中国特色社会主义不动摇。”新质生产力的国家间竞争表面上是新技术和新产业的竞争，本质上则是国家间的制度竞争。坚定制度自信是我们在新质生产力的国家间竞争中取得胜利的基础。女性学专业培养符合新质生产力发展要求的“创新”人才，要对学生进行“守正”教育。

第一，要让学生认识到发展新质生产力具有重大政治意义。发展新质生产力是实现中国式现代化的重要基石，中国式现代化是实现中华民族伟大复兴的唯一正确道路。党的二十大报告指出：“从现在起，中国共产党的中心任务就是团结带领全国各族人民全面建成社会主义现代化强国、实现第二个百年奋斗目标，以中国式现代化全面推进中华民族伟大复兴。”习近平总书记指出：“实现中华民族伟大复兴，是党和国家工作大局，也是当代中国妇女运动的时代主题。”教育学生把自己的梦想融入实现中华民族伟大复兴的中国梦，立志为发展新质生产力、为中国式现代化贡献巾帼智慧和力量。

第二，加强思想政治教育。以习近平新时代中国特色社会主义思想武装学生的头脑，把习近平总书记关于“新质生产力”的重要论述作为思想政治教育的重要内容，在思想政治教育中融入新质生产力的内容。教育学生要树牢“四个意识”，坚定“四个自信”，坚决做到“两个维护”。教育学生不断增强中国特色社会主义道路自信、理论自信、制度自信和文化自信，给学生讲清楚“四个自信”与新质生产力发展的辩证关系，认识到坚定“四个自信”在新质生产力的国家间竞争中的重要性。

第三，“守正不守旧”，在“守正”的基础上培养学生的“创新”意识和“创新”能力。“创新是一个民族进步的灵魂，是一个国家兴旺发达的不竭动力。”新质生产力的特点是创新，新质生产力发展所需要的人才最主要的特质就是创新。女性学专业要按照新质生产力发展的要求进行教学改革，利用先进教学手段创设情境，激发学生的创新兴趣，培养学生的创新意识和创新能力，特别是培养学生制度创新、管理创新和战略性创新等方面的能力，为学生构建创新平台，按照女性创新人才的成长规律进行人才培养，发挥出女性在发展新质生产力中的独特作用和独特优势。